# Tofu

# Tofu

## Der Verwandlungskünstler

FONA

www.fona.ch
Verantwortlich für das Lektorat:
Léonie Haefeli-Schmid
Rezepte:
Beatrice Aepli
Erica Bänziger
Carine Buhmann
Helen Chen
Myriam Hirano-Curtet
Lucas Rosenblatt
Gestaltung:
Andrea Heimgartner, Zürich
Foodbilder:
Bildnachweis beim Verlag
Bilder im Einführungsteil:
Tofurei Engel, Zwillikon
Lithos:
Neue Schwitter AG, Allschwil, und
Repro Schicker AG, Baar
Druck und Bindung:
Uhl, Radolfzell

ISBN 3-03780-217-0

# INHALT

## DESSERTS



## ANHANG



## MENGENANGABEN

Wo nicht anders vermerkt, sind die Rezepte für 4 Personen berechnet.

## ABKÜRZUNGEN

EL = gestrichener Esslöffel
TL = gestrichener Teelöffel
KL = gestrichener Kaffeelöffel
dl = Deziliter
ml = Milliliter
l = Liter
Msp = Messerspitze

# VORWORT

## WAS ESSEN WIR MORGEN?

Es gibt Antworten. Eine praktische: die für morgen. Denn in dieser Rezeptsammlung für eine fantasievolle Tofuküche finden Sie unkomplizierte Vorschläge, wie Sie sich und andere verwöhnen können: Salate, Suppen, Vorspeisen, Hauptgerichte und Desserts, alles Tofugerichte der feinsten Art. Danach aber schauen wir auch ein wenig über den nächsten Tag hinaus. Denn «morgen» heißt auch Zukunft, und da stellen sich neue Fragen: Was werden wir essen, wenn die Steak-and-Salad-Gesellschaft an ihre gesundheitliche und ökologische Grenze stößt? Welche Bedeutung hat die Sojabohne als Grundnahrungsmittel heute, welche wird sie morgen haben?

## TOFU!

120 g Tofu gegenüber rund 80 kg Fleisch Pro-Kopf-Verbrauch im Jahr wirken sehr bescheiden. Aber dennoch gehört die Zukunft dem Tofu, da die Sojabohne auf wenig Fläche viel Eiweiß und andere Nährstoffe produzieren kann.

## PRO-KOPF-VERBRAUCH

Geschätzter jährlicher Pro-Kopf-Verbrauch in der Schweiz (in kg)

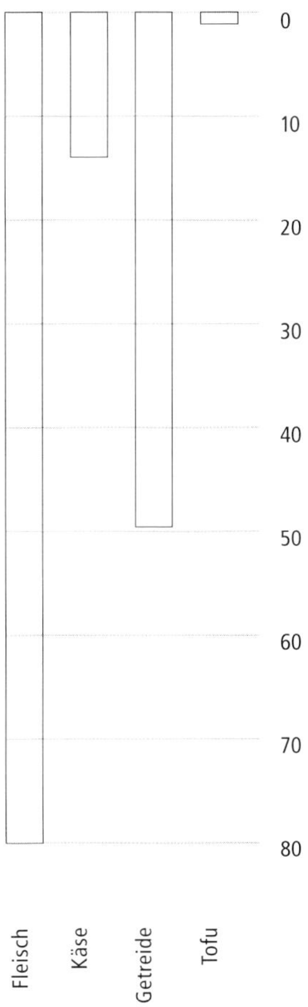

# EINFÜHRUNG

# SOJABOHNE

Geschichte



## DER NAME DER BOHNE

Der Name der Bohne soll auf «sou» zurückzuführen sein, was nichts weiter als «große Bohne» bedeutet. Die Pflanze gleicht der Buschbohne. Sie wird 30 cm bis 2 m hoch und kommt auch heute noch wildwachsend vor. Ihre Vegetationszeit beträgt 3 bis 5 Monate.

## EINER DER 5 HEILIGEN SAMEN

Vor fast 5000 Jahren hat ein chinesischer Kaiser – Sheng-Nung mit Namen – die Sojapflanze erstmals erwähnt. Ob es aber Chinesen, Japaner, Koreaner oder Mandschus waren, welche die Pflanze kultivierten, ist ungeklärt – und auch nicht allzu wichtig. Bedeutungsvoller ist, dass die Sojabohne neben Reis, Gerste, Hirse und Weizen zu den fünf heiligen Samen zählte, die in feierlichem Zeremoniell vom chinesischen Kaiser höchstpersönlich Jahr für Jahr zur Aussaat kamen.

## FAST 5000 JAHRE SIND ES HER

Es erstaunt nicht, dass die Sojabohne bei uns erst seit kurzem so richtig Fuß zu fassen beginnt und noch immer auf Skepsis stößt. Denn es hat viele Jahrhunderte gebraucht, bis wir Europäer mit der Kartoffel zu Rande kamen und sie auch salonfähig werden ließen. Und die alte Regel gilt noch immer: Was der Bauer nicht kennt, das isst er nicht. Doch heute leben wir in einer anderen Zeit. Die Welt ist zum Dorf geworden, und vieles spricht sich leicht herum. Zum Beispiel auch, dass die Sojabohne keine Errungenschaft unserer Tage ist, sondern schon seit Jahrtausenden beste Referenzen hat.

## IHRE BEDEUTUNG IN ASIEN

Weshalb hat die Sojabohne so große Bedeutung im asiatischen Raum? Zuerst natürlich, weil Asien ihre Heimat ist. Dort blieben Milch und Milchprodukte lange Zeit fast völlig unbekannt. Fleisch war rar und dementsprechend teuer. Weil die Sojabohne praktisch alles enthält, was der Körper braucht, gewann sie jene bedeutende Rolle, die sie heute noch hat und in Zukunft noch vermehrt haben wird. Aber sie hätte noch so gesund sein können: wenn sie nicht so viele kulinarische Möglichkeiten zugelassen hätte, wäre sie in China – wo die Kunst des Essens wie kaum irgendwo gefeiert wird – sang- und klanglos durchgefallen und auf ewig ein «Mauerböhnchen» geblieben.

## SO KAM SIE IN DEN WESTEN

Der Botaniker Engelbert Kämpfer brachte sie 1712 aus Japan nach Deutschland. Im Botanischen Garten von Paris gelangen 1740 die ersten Versuche, sie hier anzusiedeln. Aber es blieb beim Experiment. Erst um 1875 führte der Wiener Professor Friedrich Haberland größere Anbauversuche durch. Diese scheinen zwar erfolgreich verlaufen zu sein, der Anbau in größerem Stil setzte sich dennoch nicht durch. Es war vermutlich damals schon so: Was keine Nachfrage erzeugt, wird sich – auch bei einem großen Werbebudget – nicht halten können. Wirtschaftlich attraktiv wurde die Sojabohne erst, als die noch junge Margarine-Industrie Ende des 19. Jahrhunderts

in einen Rohstoffengpass geriet und Sojaöl aus importierten Sojabohnen die Lücke auf ideale Weise schließen konnte. Als man außerdem erkannt hatte, dass der beim Pressen anfallende eiweißreiche Rückstand, der Sojakuchen, ein hervorragendes Futtermittel abgab, war dies ein weiterer Grund für eine intensivere Nutzung. In größerem Umfang begann der Sojaanbau Anfang des 20. Jahrhunderts in den USA, wo aufgrund einer systematischen Sortenauswahl die Erträge ständig gesteigert werden konnten. Heute zählen neben den USA und Kanada auch Brasilien, Argentinien und Paraguay zu den wichtigsten Sojaproduzenten. Die weltweit produzierten Sojabohnen haben als Eiweiß-Grundnahrungsmittel leider noch keinen durchschlagenden Erfolg erzielt (Ausnahmen: China, Japan und andere asiatische Länder). Vielmehr bildet die Sojaproduktion zusammen mit Getreide das Futterrückgrat amerikanischer und europäischer Tiermastfabriken, in deren Futtertrögen über die Hälfte der Soja-Weltproduktion landet. Die Schattenseite der Wunderbohne!

# SOJABOHNE

Nährwert

### EIN SONNENKOLLEKTOR

Wenn die Sojapflanze ihren Bedürfnissen entsprechend angebaut wird, entwickelt sie sich zur Meisterin in der Umwandlung der Sonnenenergie. Sie ist in der Lage, etwa vierzigmal mehr Sonnenlicht in organische Energie umzuwandeln als andere Nahrungspflanzen: davon etwa 40 % in biologisch hochwertiges Eiweiß.

### BESTE EIWEISSPRODUZENTIN

Die Sojabohne ist jenes Lebensmittel, das pro Hektare am meisten Eiweiß liefert. Für den Menschen ist das Eiweiß ein wichtiger Nährstoff: er ist unerlässlich für Zellaufbau und -regeneration sowie als Energiereserve (Gewebe, Körperflüssigkeiten, Hormone, Vitamine usw. benötigen Eiweißbestandteile).

### CHANCE FÜR DIE MENSCHHEIT

Ihr innerer Reichtum erklärt, warum die Sojabohne vielleicht die größte Chance für die Menschheit darstellt, wenn sie sich die Fleischproduktion ökologisch endgültig nicht mehr leisten kann. Denn Eiweiß vom Rind braucht fast zwanzigmal soviel Bodenfläche wie die gleiche Menge Eiweiß aus der Sojabohne. Das wird dann von Bedeutung sein, wenn uns bewusst wird, dass die Menschheit von der ersten zur zweiten Milliarde 130 Jahre brauchte, von der vierten zur fünften Milliarde nur noch 13 Jahre.

### ZUSAMMENSETZUNG

Sojabohnen haben es auch sonst in sich. Denn nebst dem Eiweiß enthalten sie viele andere wichtige Nährstoffe.

| SOJABOHNE | |
|---|---|
| Eiweiß | 38,0 % |
| Kohlenhydrate | 24,0 % |
| Fett (Öl) | 21,0 % |
| Nahrungsfasern | 10,0 % |
| Wasser | 7,0 % |

| KARTOFFEL | |
|---|---|
| Eiweiß | 2,0 % |
| Kohlenhydrate | 19,0 % |
| Fett | 0,2 % |
| Nahrungsfasern | 0,8 % |
| Wasser | 78,0 % |

| WEIZENKORN | |
|---|---|
| Eiweiß | 12,0 % |
| Kohlenhydrate | 61,0 % |
| Fett | 2,0 % |
| Nahrungsfasern | 11,0 % |
| Wasser | 14,0 % |

**EIWEISSGEHALT**
im Vergleich (in %)

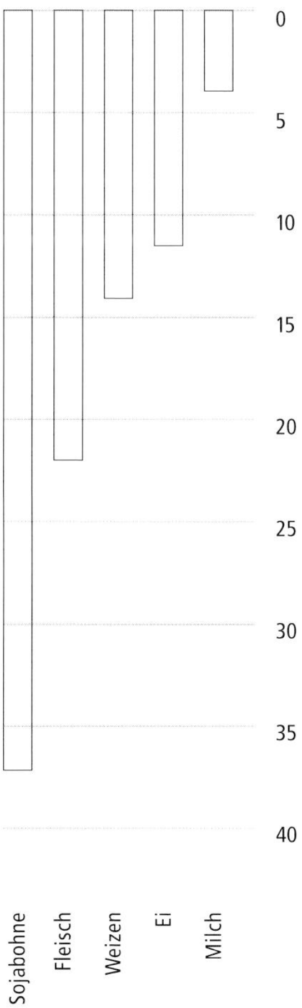


**BIOLOGISCHE WERTIGKEIT**
Eiweißqualität im Vergleich (in %)

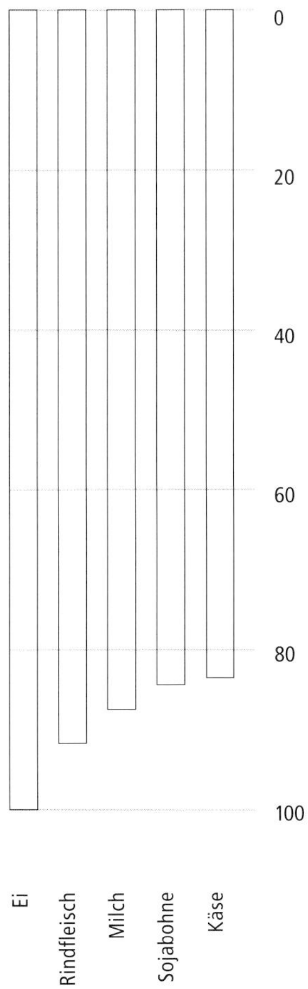


**ERTRAG**
an verwertbarem Eiweiß
pro Hektare Kulturland (in kg)

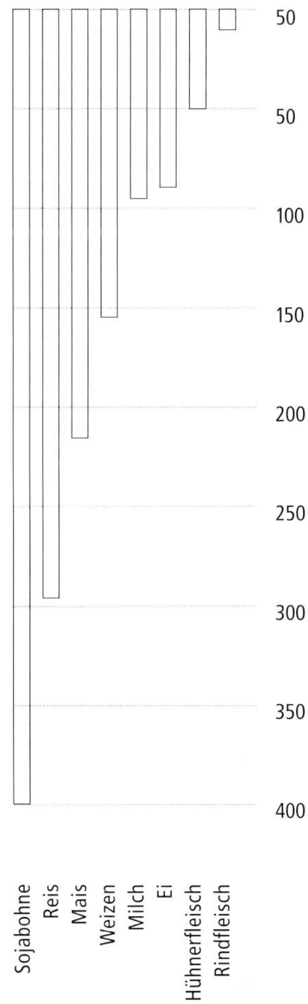

# SOJABOHNE

Produkte

**KINAKO**
Geröstetes Sojabohnenmehl

**MISO**
Würzmittel aus Japan. Wird aus fermentierten Sojabohnen hergestellt. Das Konzentrat ist von cremiger bis fester Konsistenz. Der Eiweißgehalt schwankt je nach Sorte zwischen 12 bis 20 %. Rotbraunes Reis-Miso ist am beliebtesten.

**OKARA**
Sojakleie. Nebenprodukt bei der Herstellung von Tofu.

**SHOYU**
Japanische Sojasauce aus konzentriertem pflanzlichem Eiweiß. Wird in einem Fermentationsprozess aus Sojabohnen, Weizen und Meersalz hergestellt.

**SOJABOHNEN, GETROCKNETE**
Über Nacht in kaltem Wasser einweichen. Das Einweichwasser am nächsten Tag weggießen. Die Bohnen mit frischem Wasser (ohne Salz) aufsetzen und weich garen.

**SOJABOHNEN, GERÖSTETE**
Nussiger Geschmack. Gewürzt, gesalzen oder süß erhältlich. Beliebter Snack und Basis für Soja-aufstriche. Eiweißgehalt 47%.

**SOJAFLOCKEN**
Naturprodukt aus gerösteten, zu Flocken gewalzten Sojabohnen. Schmeckt vorzüglich in Müeslimischungen.

**SOJAGRANULAT**
Chemisch-industriell hergestelltes Sojaprodukt mit 50 % Eiweiß. Für Suppen, Eintöpfe, Aufläufe usw.

**SOJAMEHL, VOLLFETT**
Aus gereinigten, erhitzten Sojabohnen. Das Mehl enthält 20 % Fett und über 40 % Eiweiß. Wirkt dank des hohen Lecithingehalts in Backwaren ähnlich emulgierend wie Eier. Eine Mehlmischung darf bis 20 % Sojamehl enthalten. 2 EL Sojamehl ersetzen 1 Ei.

**SOJAMILCH**
Wird aus in Wasser gequollenen, pürierten gelben Sojabohnen hergestellt. Ideal bei Milchzuckerunverträglichkeit, Eiweißmangel und für Schlankheitskuren.

**SOJAÖL**
Reich an mehrfach ungesättigten Fettsäuren und Linolsäure.

**SOJASAUCE**
Man unterscheidet zwischen hellen salzigen und dunklen süßlichen Saucen. Werden aus fermentierten Sojabohnen, Weizen oder Gerste, Salz und oft auch mit Zusatz von Hefe hergestellt. Ältestes Würzmittel in der chinesischen Küche.

**SOJASPROSSEN**
Aus grünen Mungbohnen hergestellt. Vor dem Genuss in leicht gesalzenem Wasser blanchieren oder in etwas Öl andünsten.

**TEMPEH**
Fermentiertes Sojaprodukt aus Indonesien. Intensives Aroma, vergleichbar mit einem sehr feinen Camembert. Ein Schimmelpilz überzieht die eingeweichten Sojabohnen innerhalb von 18 bis 30 Stunden. Enthält bis zu 20 % Eiweiß, zudem Vitamin $B_{12}$. Tempeh ist in asiatischen Läden erhältlich. Es kann gebraten, frittiert oder in einer Sauce gekocht werden.

# TOFU

Geschichte

### ANTIKER VEGETARISMUS

Auf der Suche nach neuen, nichttierischen Eiweißquellen waren es Vegetarier, die der Sojabohne – vor allem in Form von Tofu – auf dem westlichen Tisch zu kulinarischen Ehren verhalfen. Dem lagen einerseits ethische Überlegungen zugrunde, andererseits aber auch die Erfahrung, dass ein übermäßiger Konsum von tierischen Produkten gesundheitliche Nachteile haben kann. Dies wird bereits in Schriften des klassischen Altertums sowie in der Bibel erwähnt und führte Anfang des 20. Jahrhunderts zur Wiedergeburt des Vegetarismus, einer fleischlosen Ernährungsform, welche bereits bei den griechischen Athleten als Kraftquelle üblich war.

### EIN KAISERLICHES PRODUKT

Das Rezept für Tofu soll etwa 164 v. Chr. entwickelt worden sein und wird dem Kaiser und Philosophen Liu An zugeschrieben (früher scheinen immer Könige und Kaiser die großen Dinge dieser Welt erforscht oder entdeckt zu haben – aber vermutlich hat ein bescheidener Koch am Hof den Tofu erfunden und dem Kaiser als dessen eigene Idee präsentiert: zitternd vor Angst, bei geringstem kaiserlichem Bauchgrimmen den Kopf zu verlieren. Aber: Der Kaiser lebt, so hat er also auch den Tofu erfunden). In erster Linie geht es darum, den sich vegetarisch ernährenden Taoisten eine kulinarisch befriedigende alternative Eiweißquelle zu erschließen, was mit dem Tofu perfekt gelungen ist. Später fand auch Japan Gefallen daran. Dort war die Milchwirtschaft ebenso unbekannt und Fleisch vierbeiniger Tiere für buddhistische Mönche tabu. So hielt der Tofu Einzug in ganz Asien, hatte zuerst zwar ein bisschen den Ruf der Arme-Leute-Speise, fand dann aber doch seinen festen Platz zwischen den Essstäbchen ausgekochter Feinschmecker.

### DER TOFUMARKT

Bedenkt man, dass Tofu bei uns erst Ende der 1970er-Jahre in kleinen idealistischen Unternehmen, den sogenannten Tofureien, hergestellt wurde, dann darf der Aufstieg dieses für unseren Gaumen eher exotischen Nahrungsmittels durchaus als beachtlich bezeichnet werden. Die Leistung der Tofu-Pioniere ist um so mehr zu bewundern, als sie mit ihren Produkten einen mit Fleisch- und Milchprodukten reichlich gesättigten Markt betraten. Trotz beachtlicher Absatzsteigerung kann nicht von einem stürmischen Wachstum gesprochen werden. Jene Produkte jedoch, die in der Lage sind, echten Genuss zu vermitteln, erfreuen sich nach wie vor einer kontinuierlichen Verbreitung. Ein zunehmendes Ernährungsbewusstsein, gepaart mit einer wachsenden Nachfrage nach umweltverträglichen Produkten, erhöht die Erfolgsaussichten zusätzlich. So ist der Tofumarkt zwar noch klein, aber durchaus ein Markt mit Zukunft.

# TOFU

Nährwert

## EIWEISS-LIEFERANT

Der Tofu ist eine äußerst hochwertige Eiweißnahrung. Die biologische Eiweißwertigkeit (das Maß für die Eiweißqualität) von 72 % ist fast ebenso hoch wie jenes des Fleisches mit 76 %. Tofu enthält etwa 12 % Eiweiß, Fleisch 16 % bis 20 %.

## PRAKTISCH KEIN FETT

Beträchtliche Unterschiede zum Fleisch gibt es beim Fettgehalt, und zwar hinsichtlich Qualität und Quantität: 100 g Tofu enthalten nur gerade 5 g Sojaöl, das einen hohen Anteil an mehrfach ungesättigten Fettsäuren aufweist. 100 g Muskelfleisch dagegen enthalten 12 g bis 20 g cholesterinhaltiges tierisches Fett mit vorwiegend gesättigten Fettsäuren.

## VERWANDLUNGSKÜNSTLER

Es gibt nur wenige Grundnahrungsmittel, die so viele ernährungsphysiologische Vorteile mit einer so großen Vielfalt von Zubereitungsmöglichkeiten verbinden. Dank des neutralen Geschmacks läßt sich der Tofu auf unterschiedlichste Weise zubereiten.

## GESUND

Ein weiterer Vorteil des Tofu ist seine Basenüberschüssigkeit. Wegen des höheren Phosphor- und des möglichen Schwefelgehalts ist Fleisch säureüberschüssig. Trotz des hohen Eiweißanteils enthält Tofu aber wesentlich weniger Purine als Fleisch. Das hilft, das Risiko von Harnsäureüberbelastung zu verringern. Deshalb kann Tofu als nierenschonend bezeichnet werden. Tofu ist ausgesprochen leicht verdaulich. Er zählt mit nur 121kcal/100g zu den Nahrungsmitteln, welche die schlanke Linie fördern. Tofu ist auch ein ausgezeichneter Lieferant von Kalzium, das dem Aufbau eines gesunden Knochenbaus dient. Zudem enthält Tofu weitere wichtige Mineralstoffe und vor allem Vitamine der B-Gruppe, welche für die Stoffwechselvorgänge lebensnotwendig sind.

## TOFU NATURE ENTHÄLT

(auf 100 g)

| | |
|---|---|
| Eiweiß | 12,0 g |
| Sojaöl | 7,0 g |
| Kohlenhydrate | 2,4 g |
| Mineralstoffe | 0,4 g |
| Energiewert | 506 kJ/121 kcal |
| Kalzium | 159,0 mg |
| Natrium | 7,0 mg |
| Phosphor | 109,0 mg |
| Eisen | 2,5 mg |
| Vitamin $B_1$ | 0,02 mg |
| Vitamin $B_2$ | 0,02 mg |
| Niacin | 0,6 mg |

Quelle: FAO/Geigy-Tabelle

# TOFU

Herstellung

**PRODUKTION**

Die traditionell handwerkliche Herstellung des Tofu ist so einfach wie schonend und umweltfreundlich. Gewaschene und am Vortag eingeweichte Sojabohnen werden zu einem Püree gemahlen, das aufgekocht und dann abgeseiht wird. Dabei trennen sich 80 % Sojamilch und 20 % Sojakuchen. Die Sojamilch wird mit einer Art Lab versetzt, dem Nigari, einem Meersalzkonzentrat. Es entsteht eine käseähnliche Masse, die in fast beliebige Formen gepresst werden kann: Tofu.

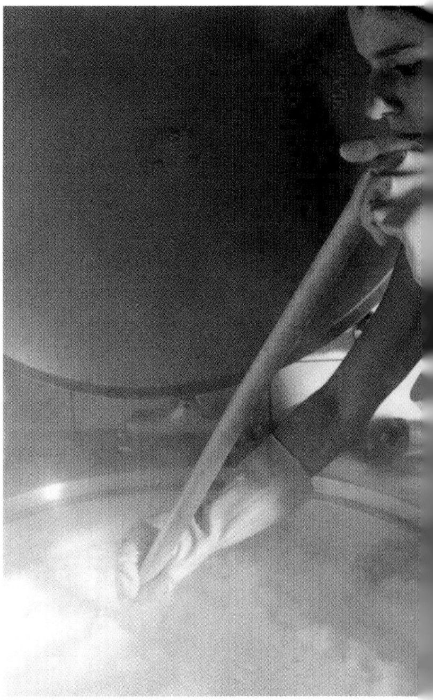

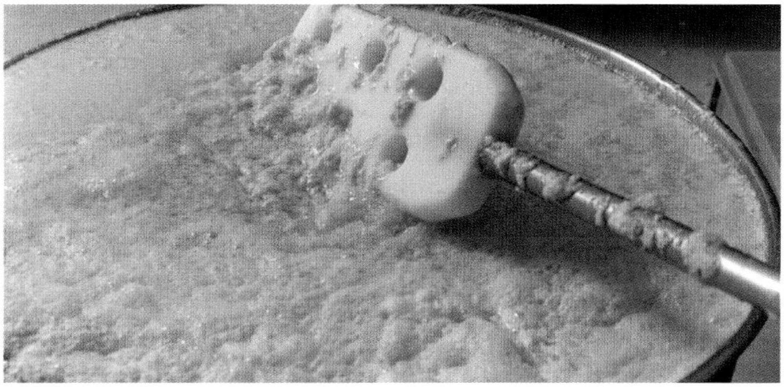

1
Die Sojabohnen werden in Wasser eingelegt.

2
Nach dem Einweichen werden die Sojabohnen püriert.

3
Das Sojabohnenpüree wird gekocht.

4
Die gekochte Sojabohnenmasse wird ausgepresst und gesiebt. Die Sojamilch und die festen Teile (Okara) werden getrennt.

5
Verarbeitung der Sojamilch: Ausfällen (Gerinnen) mit Nigari, einem natürlichen Magnesiumchlorid.

6
Die Sojamilch trennt sich in Tofu und Sojamolke.

7
Bevor Tofu geschnitten werden kann, muss er gepresst werden.

# PRODUKTE

Abc

A

**Alfalfa** Kleeart (Lucerne). Sprossen mit vielen Vitalstoffen.

**Algen** Enthalten 10 bis 20 Mal mehr Mineralstoffe als Wurzelgemüse.

B

**Bohnenpaste** Erhältlich in Läden mit asiatischem Angebot.

**Braten, Tofu** Zum Braten ohne Fett eine beschichtete Rührbratpfanne oder Bratpfanne nehmen.

C

**Chiliöl** Scharf-würziges Öl. Frische Chilischoten mehrere Tage im Öl liegen lassen. Das Öl filtern und verschlossen aufbewahren.

**Chilisauce** Extrem scharfe Sauce. Wird oft zum individuellen Nachwürzen verwendet.

**Chinagewürz** Gewürzmischung aus Paprika, Pfeffer, Chilis und Curry.

**Cremes** Werden am feinsten, wenn der Tofu zusammen mit einem Milchprodukt, z. B. Quark, Rahm/Sahne, Sauerrahm/saure Sahne, Cottage Cheese/Hüttenkäse, püriert wird.

D

**Dampfgaren, Gemüse** Garmethode, bei dieser die kostbaren Inhaltsstoffe (Vitamine, Mineralstoffe) und das Aroma weitgehend erhalten bleiben. Es bestehen zwei Möglichkeiten: 1. Für jede Kochtopfgröße gibt es in Fachgeschäften spezielle Siebaufsätze. In den Kochtopf wird wenig Wasser eingefüllt (für den Dampfhaushalt). Das vorbereitete Gemüse kommt in den Siebaufsatz. Gut schließenden Deckel aufsetzen. 2. Das Gemüse kann auch ohne Siebeinsatz in jedem Kochtopf problemlos schonend gegart werden. Das tropfnasse Gemüse mit wenig Wasser in den Kochtopf geben. Einen gut schließenden Deckel aufsetzen, damit der Dampf nicht entweichen kann. Topf möglichst wenig lüften, damit der Dampfhaushalt nicht gestört wird, was das Anbrennen des Kochguts zur Folge hätte.

E

**Einkauf** Achten Sie beim Einkauf auf biologische Produkte; Ihrer Gesundheit und der Umwelt zuliebe.

K

**Kombu** Alge. 10 cm Kombu in einem Liter Wasser und nach Belieben mit wenig Gemüsebrühepulver 1 Stunde köcheln lassen. Kombu entfernen. Die Brühe kann für Suppen, Getreide und Gemüse verwendet werden.

**Koriander** Chinesische Petersilie. Früchte (Samen) werden als Gewürz für Backwaren verwendet.

**Kurkuma** Tumeric/Gelbwurz ist eine Ingwerart von auffallender gelb-oranger Farbe. Geschätzt wird er in der Küche wegen der intensiven gelben Farbe.

## M

**Meersalz** Aus dem Meer gewonnenes Salz. Reich an Magnesium. Echtes Vollmeersalz ist eher grau als weiß und klumpt leicht. Ein paar Reiskörner verhindern das Feuchtwerden.

**Miso** Würzmittel aus Japan. Das fermentierte, eiweißreiche Sojabohnenkonzentrat ist von cremiger bis fester Konsistenz. Der Eiweißgehalt schwankt je nach Sorte zwischen 12 bis 20 %. Miso ist reich an Vitamin $B_{12}$.

## N

**Nigari** Gerinnungsmittel zur Herstellung von Tofu. Es handelt sich um ein Magnesiumchlorid. Bei natürlich hergestelltem Nigari wird nasses Meersalz in einen Leinensack gefüllt, der aufgehängt wird. Die herabtropfende Flüssigkeit wird aufgefangen und getrocknet. Dieses Pulver nennt sich Nigari.

## P

**Pürieren** Tofu am besten im Cutter fein pürieren (bei viel Flüssigkeit genügt auch ein Mixer). Dies ist besonders wichtig für Cremes und Cremesuppen, die von sämiger Konsistenz sein sollten.

## R

**Reisnudeln** Drahtähnliche Nudeln aus Reismehl.

**Reiswein** Gehört zu den ältesten Spirituosen Chinas. Wird in kleinen Mengen in Marinaden und Saucen verwendet.

## S

**Sambal** Scharfe Sauce aus Chilischoten und Chilikernen sowie Gewürzen, Salz und Reiswein. Ist in asiatischen Läden, Spezialgeschäften oder größeren Supermärkten erhältlich. Kann auch durch kleine Mengen frischen Chili ersetzt werden.

**Sambal Oelek** Pfefferschoten, die mit Salz und Essig verstampft worden sind. Sehr scharf.

**Sesamöl** Wird aus weißen oder schwarzen Sesamsamen gewonnen. Die Saat enthält bis zu 50 % hochwertiges Öl, das eine Vielzahl von ungesättigten Fettsäuren enthält. Der hohe Eiweißanteil von 20 % macht den Sesam zu einem wichtigen Produkt in der vegetarischen Küche. Das Sesamöl hat einen intensiv nussigen Geschmack.

## T

**Tierische Produkte, Ersatz** Butter/Bratbutter/Butterschmalz können durch einen anderen Fettstoff (Öl, Kokosfett, Margarine) ersetzt werden. Milch kann durch Sojamilch (offiziell Sojadrink) ersetzt werden. Rahm/Sahne kann durch entsprechende Produkte auf Sojabasis ersetzt werden.

**Tofu, tiefkühlen** Durch den Gefrierprozess wird der Tofu elastisch und fest; er läßt sich gut pressen und fällt auch nach längerem Garen nicht auseinander. Er ist angenehm weich und erinnert je nach Zubereitungsart an ein zartes Stück Fleisch.

## W

**Wakame** Alge. Unserem Gemüse geschmacklich ähnlich. Gut für Haare, Nägel, Haut und Leber.

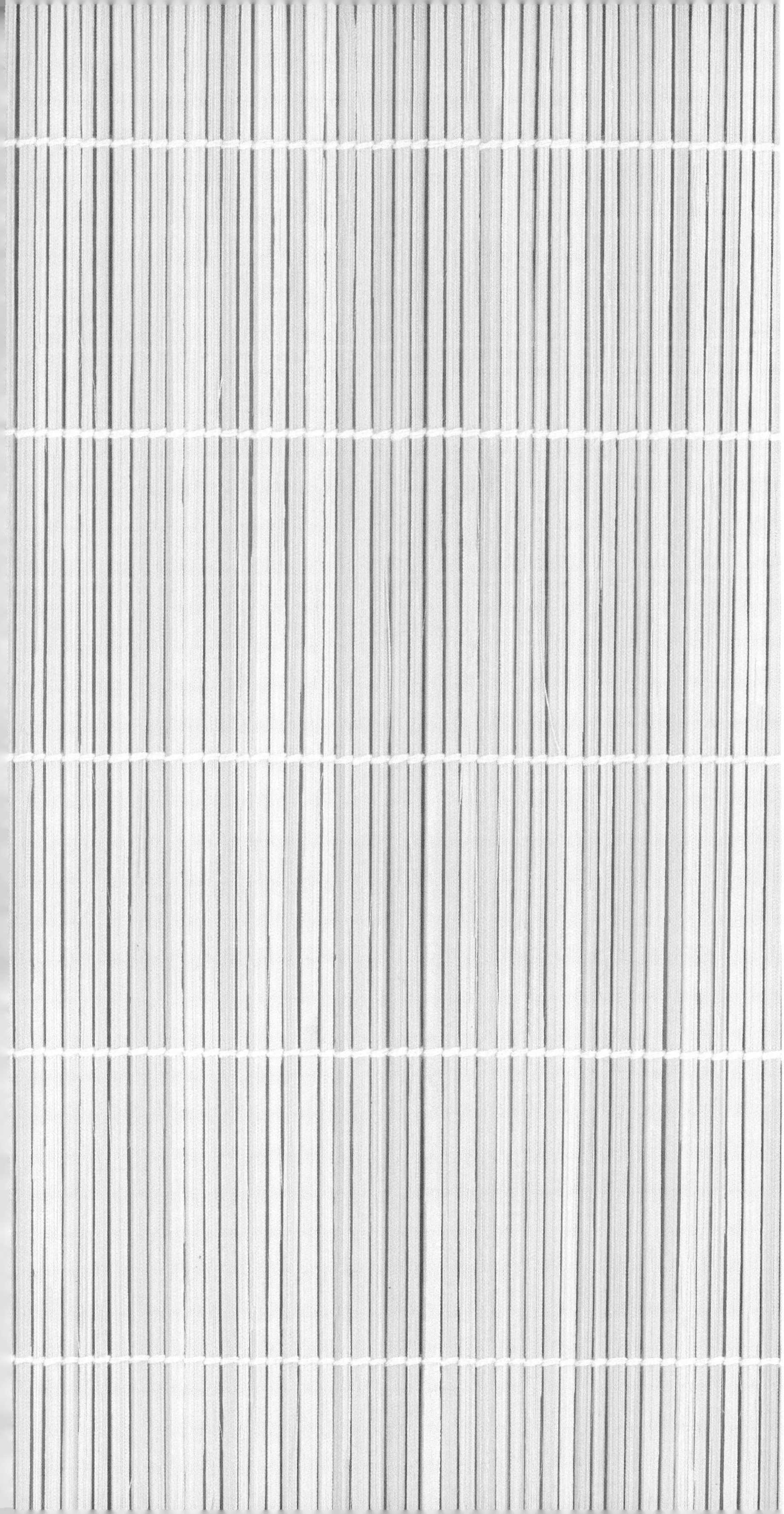

# VORSPEISEN

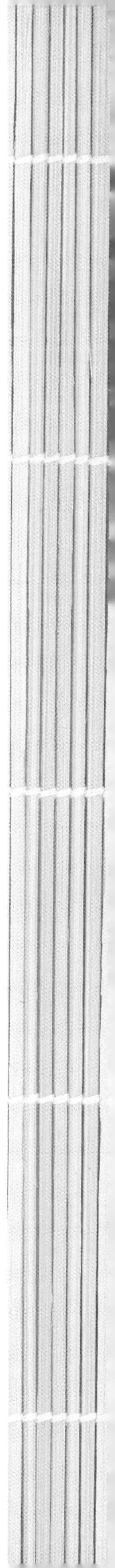

# GEFÜLLTE AVOCADOS

2 reife Avocados
130 g Tofu
130 g Frischkäse
3 EL Zitronensaft
Meersalz
frisch gemahlener Pfeffer
2 EL fein geschnittene Pfefferminzblättchen



**1**
Die Avocados halbieren, den Stein entfernen, mit einem Esslöffel wenig aushöhlen. Fruchthälften mit wenig Zitronensaft bepinseln.

**2**
Ausgehöhltes Avocadofleisch mit Tofu, Frischkäse und restlichem Zitronensaft fein pürieren, mit Salz und Pfeffer abschmecken. Pfefferminze unterrühren. In die Avocadohälften füllen.

**Variante**
Den Frischkäse durch Sauerrahm, Quark oder steif geschlagenen Rahm ersetzen.

# TOFU-DIP

mit Brüsseler Endivie

3 Brüsseler Endivien

**Tofu-Dip**

250 g Tofu
1 Becher (180 g) Sauerrahm/ saure Sahne
1–2 TL scharfer Curry
Zitronensaft
Kräutermeersalz
frisch gemahlener Pfeffer
1–2 Blondorangen
1–2 rotbackige Äpfel
1 Banane

Kürbiskerne für die Garnitur

**1**
Die Brüsseler Endivien in die einzelnen Blätter zerlegen, d. h. die Blätter sorgfältig abbrechen. Die Blätter strahlenförmig auf die Teller legen.

**2**
Für den Dip den Tofu zerkleinern, mit Sauerrahm und Curry fein pürieren, mit Zitronensaft, Salz und Pfeffer abschmecken.
Je nach Konsistenz mit Mineralwasser verdünnen.

**3**
Orangen, Äpfel und Banane zerkleinern, unter den Dip rühren. Mit den Kürbiskernen garnieren.

# MARINIERTER TOFU

mit Tomaten und Zwiebeln

350 g Tofu

1 Zweig Thymian
½ Bund Basilikum
2 Tomaten
1 große Zwiebel
4 EL Olivenöl extra nativ

1 Hand voll Kresse

**Marinade**

3 EL Obstessig
3 EL Sojasauce
2 TL Senf
1 unbehandelte Zitrone, wenig abgeriebene Schale
4 EL Olivenöl extra nativ
Kräutermeersalz
frisch gemahlener Pfeffer

**1**
Marinade zubereiten, mit Kräutersalz und Pfeffer würzen.

**2**
Tofu in feine Scheiben schneiden, Marinade darüber träufeln, mindestens 4 Stunden oder über Nacht im Kühlschrank zugedeckt marinieren.

**3**
Thymian fein hacken, Basilikumblätter in Streifen schneiden. Tomaten schälen, den Stielansatz kreisförmig herausschneiden, Tomaten vierteln, entkernen und würfeln. Die Zwiebel schälen, halbieren und in Streifen schneiden.

**4**
Kresse in der Mitte eines großen flachen Tellers anrichten. Tofuscheiben dazu legen. Mit Tomaten, Zwiebeln und Kräutern garnieren. Restliches Olivenöl darüber träufeln.

# CURRY-TOFU

auf Blattsalat

400 g Tofu
Kräutermeersalz
Curry
frisch gemahlener Pfeffer
2 EL Paniermehl
2 EL Olivenöl extra nativ
1 Hand voll gehackte Haselnüsse
1 großer rotbackiger Apfel
2 große Karotten
2 Blondorangen
4 Portionen Blattsalat,
z. B. Nüssli-/Feldsalat, Pflücksalat,
Endivie

**Sauce**

2 Schalotten, fein gehackt
2 EL Wasser
1 EL Zitronensaft oder Fruchtessig
4 EL Gemüsebrühe
(aus Instant-Gemüsebrüheextrakt)
4 EL Rahm/Sahne
1 TL Dijonsenf
1 EL Hefeflocken
2 EL Haselnussöl
Kräutermeersalz
frisch gemahlener Pfeffer

**1**

Tofu klein würfeln, mit Kräutersalz, Curry und Pfeffer würzen. Schüssel ein paar Mal gut bewegen, Tofu über Nacht im Kühlschrank marinieren. Paniermehl darüber streuen, ein paar Mal kräftig schütteln. Den Tofu in einer Rührbratpfanne oder in einer beschichteten Bratpfanne in wenig Olivenöl unter ständigem Rühren braten, aus der Pfanne nehmen.

**2**

Die gehackten Haselnüsse in der Tofupfanne kurz rösten, herausnehmen und beiseite stellen.

**3**

Schalotten unter Zugabe des Wassers in der Tofupfanne kurz andünsten. Abkühlen lassen.

**4**

Für die Sauce sämtliche Zutaten sämig rühren, mit Kräutersalz und Pfeffer abschmecken.

**5**

Apfel ungeschält vierteln, Fruchtviertel entkernen und würfeln. Karotten schälen und in Stäbchen schneiden. Orangen großzügig schälen, die Fruchtfilets aus den Trennhäuten lösen, Fruchtsaft auffangen und zur Sauce geben.

**6**

Tofu, Äpfel und Haselnüsse mit der Hälfte der Sauce mischen.

**7**

Blattsalat, Karotten und Orangen auf Tellern anrichten, mit restlicher Salatsauce beträufeln. Tofu in der Mitte anrichten.

# COUSCOUS-SALAT

mit Tofu und Gemüse

**Couscous**

1½ dl/150 ml Gemüsebrühe
1 kleine Zwiebel
1 EL Zitronensaft
70 g Couscous
1 Bund Koriander
frisch gemahlener Pfeffer

**Gemüse**

1 EL Olivenöl extra nativ
100 g Champignons
1 Zucchino
200 g fruchtiges Kürbisfleisch
Meersalz
frisch gemahlener Pfeffer

2 EL Olivenöl extra nativ
300 g Tofu

3 EL Obstessig
Koriander für die Garnitur

**1**

Für das Couscous die Zwiebel fein hacken, mit Gemüsebrühe, Zitronensaft und Couscous aufkochen, mit frisch gemahlenem Pfeffer abschmecken, fein geschnittenen Koriander unterrühren. Couscous in eine Schüssel füllen, zugedeckt 30 Minuten ziehen lassen.

**2**

Champignons in Scheiben, Zucchino und Kürbis in Stäbchen schneiden, im Olivenöl kurz dünsten, mit Salz und frisch gemahlenem Pfeffer würzen.

**3**

Tofu in Stäbchen schneiden. In der Rührbratpfanne oder in einer beschichteten Bratpfanne im Olivenöl bei mittlerer Hitze braten.

**4**

Couscous, Gemüse sowie Tofu miteinander mischen, mit dem Obstessig beträufeln. Mit dem Koriander garnieren.

# TOFU-SALAT

mit Sellerie

250 g Tofu
Meersalz
frisch gemahlener Pfeffer
Olivenöl extra nativ
4 Spross Stangensellerie
1 Schalotte
einige Frühlingszwiebeln

**Sauce**

3 EL Zitronensaft
1 EL Sojasauce
1 TL Chilipulver
3 EL Olivenöl extra nativ

**1**
Zutaten für die Salatsauce sämig rühren.

**2**
Tofu in feine Scheiben schneiden, mit Salz und Pfeffer würzen. In einer Rührbratpfanne oder in einer beschichteten Bratpfanne in wenig Olivenöl braten. Auskühlen lassen.

**3**
Stangensellerie in feine Scheiben schneiden. Die Schalotte schälen und in Ringe schneiden. Die Frühlingszwiebeln fein hacken.

**4**
Tofu, Sellerie und Schalotten mit der Sauce sorgfältig mischen. Die Frühlingszwiebeln darüber streuen.



# LAUCH-SALAT

mit Brüsseler Endivie und Räuchertofu

1 großer Lauch
150 g Räuchertofu
Olivenöl extra nativ
2 Brüsseler Endivien
2 süße rotbackige Äpfel

**Sauce**

2 EL Honig- oder Apfelessig
einige Tropfen Zitronensaft
1 Prise Kurkuma/Gelbwurz
1 Prise scharfer Curry
1 EL Sojasauce
2–3 EL Haselnussöl
wenig fein gehackte Petersilie
einige Thymianblättchen

Kräuter für die Garnitur

**1**
Für die Sauce sämtliche Zutaten verrühren.

**2**
Beim Lauch die zähen Hüllblätter entfernen, längs halbieren, in Streifen schneiden, im Dampf knackig garen, unter kaltem Wasser abschrecken.

**3**
Tofu würfeln, in einer Rührbratpfanne oder beschichteten Bratpfanne bei mäßiger Hitze braten.

**4**
Brüsseler Endivien in die einzelnen Blätter zerlegen, strahlenförmig auf Tellern anrichten.

**5**
Äpfel samt Schale vierteln und entkernen, Fruchtviertel in Spalten schneiden.

**6**
Tofu und Lauch mit der Salatsauce vermengen, auf der Brüsseler Endivie anrichten. Mit Apfelspalten und Kräutern garnieren.

# WAKAME-SALAT

mit Tofu

150 g Tofu

**Marinade**
½ TL Meersalz
3 EL Sojasauce
2 Knoblauchzehen
15 cm Ingwerwurzel
Sesamöl zum Braten

15 g getrocknete Wakame
1 Freilandgurke
Meersalz
2 Knoblauchzehen
1 TL flüssiger Honig
1 EL Obstessig
1 Bund Schnittlauch

Gurkenscheiben
für die Garnitur

**1**
Für die Marinade Salz, Sojasauce und durchgepresste Knoblauchzehen verrühren. Ingwer schälen und auf der Bircher-Rohkostreibe fein reiben, in ein Baumwolltüchlein einwickeln und über der Marinade auspressen.

**2**
Tofu in Würfel schneiden und mit der Marinade gut vermengen, mindestens 4 Stunden stehen lassen. Tofu unmittelbar vor dem Servieren in einer Rührbratpfanne oder beschichteten Bratpfanne in wenig Sesamöl bei mittlerer Hitze braten.

**3**
Algen 30 Minuten in warmem Wasser quellen lassen und mit kaltem Wasser überbrausen, in kleine Stücke teilen.

**4**
Gurke schälen und in Streifen schneiden.

**5**
Knoblauchzehen schälen und fein hacken. Schnittlauch in feine Röllchen schneiden.

**6**
Zutaten vermengen, anrichten. Mit Schnittlauch und Gurkenscheiben garnieren.

# PEPERONI-TERRINE

1 EL Olivenöl extra nativ
1 roter Peperoni/Paprikaschote
1 Zwiebel
2 Knoblauchzehen
2 EL fein gehackte Petersilie
500 g Tofu
4 EL Sojasauce
4 Freilandeier
100 g Rahm/Sahne
Kräutermeersalz
frisch gemahlener Pfeffer

**1**
Tofu würfeln, mit der Sojasauce beträufeln, etwa 30 Minuten marinieren.

**2**
Peperoni halbieren, Stielansatz und Kerne entfernen, klein würfeln. Zwiebel und Knoblauchzehen schälen und fein hacken. Peperoni und Zwiebeln im Öl andünsten, Knoblauch und Petersilie unterrühren, weich dünsten.

**3**
Gedünstetes Gemüse und Tofu pürieren, verquirlte Eier und Rahm unterrühren, mit Kräutersalz und Pfeffer würzen.

**4**
Backofen auf 160 °C vorheizen.

**5**
Tofumasse in eine eingefettete Terrineform füllen. Form in ein hohes Blech oder in eine Gratinform stellen, bis auf ⅔ Höhe mit Wasser füllen. Form in der Mitte in den Ofen schieben, die Terrine bei 160 °C 90 bis 120 Minuten pochieren. Vor dem Stürzen und Anschneiden mindestens 15 Minuten ruhen lassen.

# LACHS-TERRINE

mit Gurken-Pfefferminz-Sauce

**für eine Terrinen- oder Cakeform von 26 cm Länge ergibt 12 Portionen**

**Terrine**

4 dl/400 ml Gemüsebrühe
600 g Lachsfilet
2 TL Agar-Agar-Pulver (Reformhaus)
200 g Rauchlachsfilets
250 g Tofu
1 Salatgurke

**Sauce**

1 Becher saurer Halbrahm/saure Sahne
ca. 20 Pfefferminzblättchen, fein gehackt
¼ Salatgurke, klein gewürfelt (Brunoise)
Meersalz

**1**

Gemüsebrühe aufkochen, Kochtopf von der Wärmequelle nehmen, Lachsfilets in die heiße Gemüsebrühe legen und zugedeckt 15 Minuten ziehen lassen. Fisch Aus der Brühe nehmen. Etwa 150 g Lachs klein schneiden, auf die Seite legen.

**2**

Lachsbrühe durch ein feines Sieb passieren, 3 dl/300 ml Brühe abmessen und in den Topf gießen, das Agar-Agar-Pulver mit dem Schneebesen unterrühren, kurz köcheln lassen. Brühe mit pochiertem Lachs (450 g), 100 g Rauchlachs und Tofu zu einer feinen Masse pürieren. Die Lachsstückchen unterrühren.

**3**

Terrinenform mit dem restlichen Rauchlachs auskleiden. Mousse in die Form füllen, dabei verteilt Gurkenstreifen der Länge nach in die Form legen. Im Kühlschrank fest werden lassen und kühlen.

**4**

Für die Sauce Sauerrahm, Minze und Gurken vermengen, würzen.

**5**

Die Terrine stürzen, portionieren und mit der Sauce anrichten.

# TOFU-KOKOSNUSS-BÄLLCHEN

400 g weicher Tofu
5 EL Kokosnussflocken
2–3 EL Vollkornmehl
2 EL Sojasauce
1 kleine Zwiebel, fein gehackt
2 EL gehackte Petersilie
2–3 Knoblauchzehen, durchgepresst
1 unbehandelte Zitrone
1 Prise Chilipulver
1 Prise Muskatnuss
Rosenpaprika
Meersalz

2–3 dl/200–300 ml Olivenöl zum Frittieren

**1**
Den Tofu in Würfel schneiden, von Hand krümelig reiben. Kokosflocken und Mehl zugeben, vermengen, Sojasauce, Zwiebeln, Petersilie und Knoblauch zur Tofumasse geben, Zitronenschale auf der Bircher-Rohkostreibe dazureiben, unterrühren, würzen.

**2**
Tofumasse mit dem Eisportionierer portionieren, Bällchen formen und diese gut zusammendrücken.

**3**
Tofu-Kokosnuss-Bällchen im mäßig heißen Olivenöl frittieren und auf Küchenpapier abtropfen lassen.

**Scharfe Tomatensauce**
Pelati aus dem Glas zuerst entstielen und dann zerkleinern. Tomaten, ein paar Peperoncinistreifen, 1 EL Olivenöl und ein Bund fein gehackte Petersilie einige Minuten köcheln lassen, mit Salz und frisch gemahlenem Pfeffer abschmecken.

# SUPPEN

# NUDELSUPPE

mit Sprossen und Tofu

1 Tasse Sojasprossen
250–300 g Suppennudeln
1 EL natives Olivenöl extra
1 TL fein gehackter Knoblauch
250 g Tofu, in Streifen oder Würfelchen
1,4 l kräftige Gemüsebrühe
1 EL Sojasauce
1 EL fein gehackte Petersilie
1 EL fein gehackte Frühlingszwiebeln

1 Schälchen Chilipulver
1 Schälchen gehackte Erdnüsse
1 Schälchen eingelegte Chilischoten

**1**
Sojasprossen in leicht gesalzenem Wasser blanchieren, mit einem Schaumlöffel herausnehmen und auf die Suppenteller verteilen. Das Kochwasser nachsalzen, die Nudeln zufügen und al dente kochen, abgießen, mit kaltem Wasser abschrecken, auf Suppenteller verteilen.

**2**
Knoblauch in einer Rührbratpfanne oder in einer beschichteten Bratpfanne im Öl andünsten, auf die Suppenteller verteilen. Tofu braten, in die Suppenteller geben.

**3**
Gemüsebrühe aufkochen, mit der Sojasauce würzen, auf die Suppenteller verteilen. Petersilie und Zwiebeln darüber streuen. Am Tisch mit den Beilagen abschmecken.

# KERBELCREMESUPPE

mit Tofu-Einlage

**Suppe**
30 g Butter
1 kleine Zwiebel
1 mittelgroße mehlig kochende Kartoffel
8 dl/800 ml Gemüsebrühe
1 großer Bund Kerbel
100 g Rahm/Sahne
Meersalz
frisch gemahlener Pfeffer

**Einlage**
150 g Tofu
Meersalz
frisch gemahlener Pfeffer
Olivenöl extra nativ

Kerbel für die Garnitur

**1**
Tofu in Würfel schneiden, mit Salz und Pfeffer würzen. In einer Rührbratpfanne oder nicht klebenden Bratpfanne in wenig Öl braten.

**2**
Zwiebel schälen und fein hacken. Kartoffel schälen und klein würfeln. Zwiebeln in der Butter gelb andünsten, Kartoffelwürfelchen zugeben. Mit der Gemüsebrühe ablöschen, aufkochen, bei schwacher Hitze kochen, bis die Kartoffeln weich sind. Kerbelblättchen von den Stielen zupfen, zur Suppe geben, einmal aufkochen. Pürieren.

**3**
Kerbelcremesuppe mit dem Rahm aufkochen, kurz köcheln lassen, mit Salz und Pfeffer abschmecken.

**4**
Die Tofuwürfel in vorgewärmte Suppenteller verteilen, die Suppe dazugießen. Mit dem Kerbel garnieren.

**Variante**
Anstelle von Kerbel können auch Sauerampfer, Selleriekraut, Petersilie, Brennnesseln, Bärlauch usw. verwendet werden.

# GURKENSUPPE

mit Sherry-Tofu

1 lange Salatgurke oder
2 Nostranogurken
200 g Tofu, gewürfelt
2 EL trockener Sherry
1 TL Mehl
1,2 l Hühnerbrühe
Meersalz
1 TL Sesamöl

**1**
Die Gurken mit der Schale der Länge nach halbieren, Kerne herausschaben, die beiden Hälften schräg in 5 mm dicke Scheiben schneiden. Man sollte etwa 500 g Gurken erhalten.

**2**
Tofu mit dem Sherry beträufeln und mit dem Mehl bestäuben, 30 Minuten marinieren.

**3**
Die Hühnerbrühe aufkochen, den Tofu zufügen und in der Brühe erhitzen. Erst unmittelbar vor dem Servieren die Gurkenscheiben zufügen, den Kochtopf von der Wärmequelle nehmen. Mit Salz und Sesamöl abschmecken. Sofort heiß servieren.

**Vorsicht**
Die Gurken verkochen schnell und verlieren den Biss, wenn sie zu lange in der heißen Brühe liegen.

# MISO-NUDEL-SUPPE

mit Tofu

150 g Udon-Nudeln, ersatzweise Tagliatelle
1½ l Gemüsebrühe
4 EL Sake (japanischer Reiswein)
4 EL Sojasauce
1 TL Zucker
2 EL Miso
4 große Karotten
1 Bund Frühlingszwiebeln
300 g erntefrischer kleinblättriger Spinat
600 g weicher Tofu, gewürfelt

**1**
Nudeln nach Packungsanleitung kochen, in ein Sieb abgießen, mit kaltem Wasser abschrecken. Abtropfen lassen, beiseite stellen.

**2**
Karotten schälen, mit dem Sparschäler Streifen abziehen und diese längs in Streifen schneiden. Frühlingszwiebeln in Scheiben, Zwiebelgrün in Ringe schneiden.

**3**
Gemüsebrühe mit Sake, Sojasauce, Zucker, Miso und Karotten aufkochen, bei schwacher Hitze 1 bis 2 Minuten kochen. Zwiebeln und Spinat zugeben, aufkochen. Nudeln und Tofu zugeben und nochmals erhitzen. Würzen.

**Produkteinfo**
Udon-Nudeln und Miso gibt es in japanischen Lebensmittelgeschäften und auch in der Delikatessenabteilung von Warenhäusern zu kaufen.

Abbildung

# GEMÜSESUPPE

mit Tofukugeln

**Tofukugeln**

2 EL Olivenöl extra nativ
1 mittelgroße Zwiebel
1 Bund Petersilie
1 Zweig Maggikraut
80 g altbackenes Brot
250 g Tofu
1 dl/100 ml Milch
Meersalz
30 g Weizengrieß

**Gemüsesuppe**

1½ l Gemüsebrühe
4 kleine Zwiebeln
½ Wirz/Wirsing
2 Karotten
1 kleine Lauchstange
2 Kohlrabi
100 g frische Shiitake
Meersalz
frisch gemahlener Pfeffer

**1**
Zwiebel fein hacken. Petersilie und Maggikraut von den Stielen zupfen und fein hacken. Brot verreiben oder mahlen. Tofu mit einer Gabel zerdrücken.

**2**
Zwiebel, Petersilie und Maggikraut im Olivenöl andünsten. Brot zufügen und unter Rühren bräunen. In eine Schüssel umfüllen. Die restlichen Zutaten zufügen und von Hand vermengen. Masse 30 Minuten ruhen lassen. Etwa 16 Kugeln formen.

**3**
Für die Suppe die Zwiebeln vierteln. Beim Wirz den Strunk entfernen und die Blätter in Streifen schneiden. Karotten schälen und in möglichst feine Stäbchen schneiden. Beim Lauch die zähen Hüllblätter entfernen, Stängel längs halbieren, in 4 cm lange Stücke schneiden. Kohlrabi schälen, in Würfel schneiden. Shiitake halbieren.

**4**
Gemüsebrühe mit dem Gemüse aufkochen, köcheln lassen, bis das Gemüse gar ist. Die Pilze und die Tofukugeln zufügen und bei schwacher Hitze 10 Minuten ziehen lassen. Würzen.

# COUSCOUS-SUPPE

mit Tofu

1 EL natives Olivenöl extra
1 großer Lauch
1 roter oder gelber Peperoni/ Paprikaschote
1½ l Gemüsebrühe
100 g Couscous
300 g Tofu
2 TL scharfer Curry
Kräutermeersalz
frisch gemahlener Pfeffer
1 kleines Stück Ingwerwurzel

**1**

Beim Lauch zähe Hüllblätter entfernen, Stängel in feine Scheiben schneiden. Peperoni halbieren, Stielansatz und Kerne entfernen, Hälften nochmals halbieren und in Rhomben oder beliebige Formen schneiden.

**2**

Lauch und Peperoni im Olivenöl andünsten, Gemüsebrühe zugeben, Couscous unterrühren und bei schwacher Hitze etwa 10 Minuten köcheln lassen.

**3**

Tofu in kleine Würfel schneiden.

**4**

Suppe mit Curry, Kräutersalz und Pfeffer würzen. Ingwer schälen, auf der Bircher-Rohkostreibe dazureiben. Nochmals 5 Minuten köcheln lassen. Tofu zufügen und erhitzen.

# KLARE SUPPE

mit Gemüse und Tofustreifen

400 g Tofu
2 EL Olivenöl extra nativ

1,2 l Gemüsebrühe
2 Karotten
½ Knollensellerie
2–3 Spross Stangensellerie
1 mittelgroße Lauchstange
Kräutermeersalz
1 Bund Petersilie

**1**
Karotten und Knollensellerie schälen, beides in feine Stäbchen schneiden. Stangensellerie in 2 bis 3 mm dicke Scheiben schneiden. Beim Lauch die zähen Hüllblätter entfernen, längs halbieren, die Hälften in Streifen schneiden.

**2**
Gemüsebrühe, Karotten, Knollen- und Stangensellerie aufkochen und bei schwacher Hitze knackig garen.

**3**
Tofu in Streifen schneiden, in der Rührbratpfanne oder in einer beschichteten Bratpfanne braten, zur Suppe geben, ein paar Minuten ziehen lassen. Suppe mit Kräutersalz gut abschmecken. Petersilie von den Stielen zupfen und hacken, zufügen.

# MISOSUPPE

mit Tofu

5 cm Kombu
1 l Gemüsebrühe
1–2 EL Miso
1 mittelgroße Lauchstange
200 g Tofu, gewürfelt
1 Schalotte
1 Bund Petersilie
fein geriebene Ingwerwurzel nach Belieben

**1**
Kombu mehrmals einschneiden, in der Gemüsebrühe aufkochen.

**2**
Miso mit einer halben Tasse entnommener Gemüsebrühe gut verrühren und erhitzen.

**3**
Den Lauch putzen, längs halbieren und in Streifen schneiden. Die Schalotte schälen und fein hacken. Die Petersilie von den Stielen zupfen, fein hacken.

**4**
Miso, Lauch, Tofu und Schalotten zur Gemüsebrühe geben, bei schwacher Hitze etwa 10 Minuten ziehen lassen. Mit Petersilie und Ingwer garnieren. Heiß servieren.

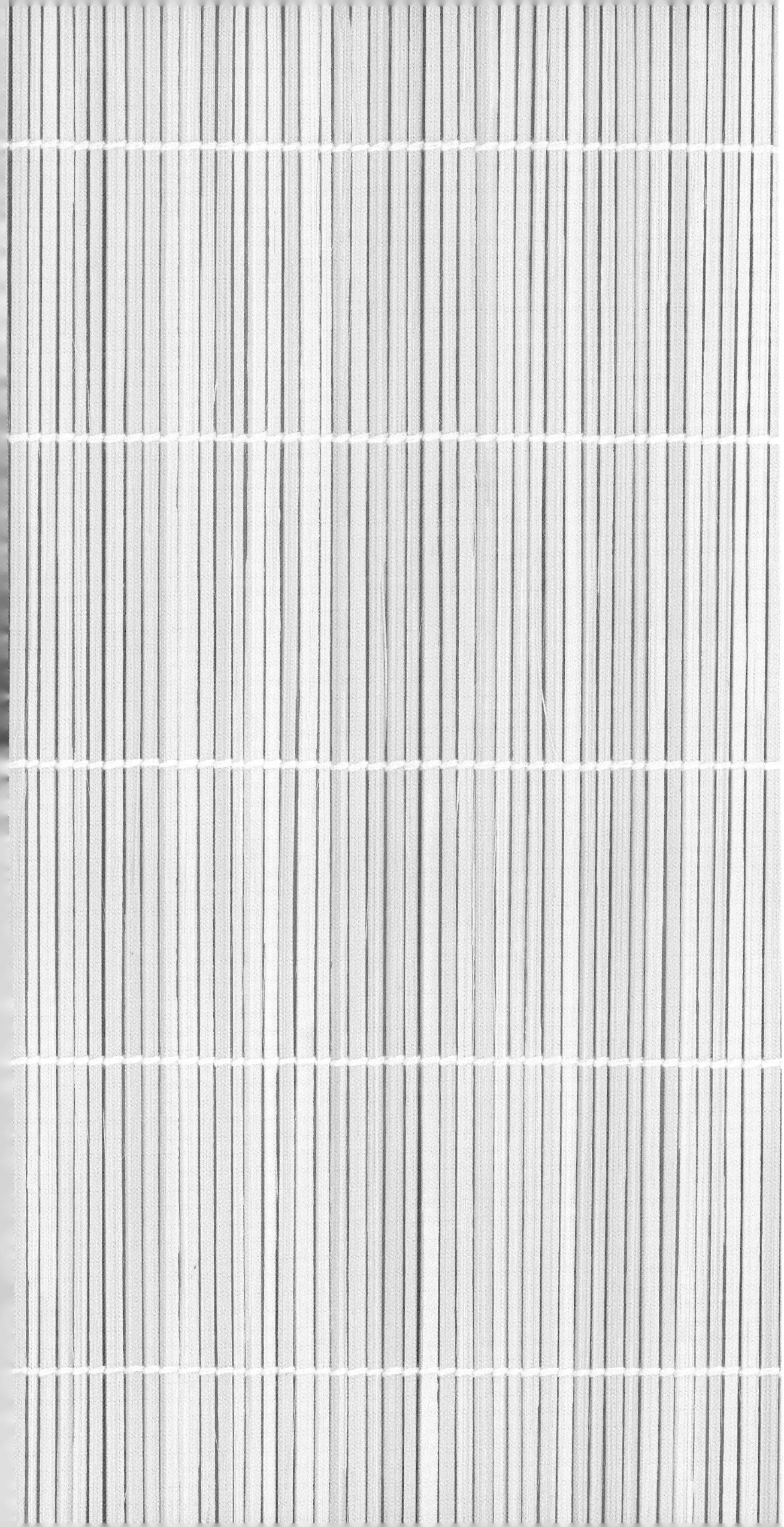

# HAUPTGERICHTE

# KURZ GEBRATENER TOFU

Grundrezept

500 g Tofu
Olivenöl extra nativ
1 kleine Zwiebel, fein gehackt

**Marinade**
2 EL Sojasauce
2 EL Reiswein
1 TL Olivenöl extra nativ
1 Knoblauchzehe
frisch gemahlener Pfeffer

**Sauce**
1 EL Worcestersauce
1 EL flüssiger Honig
¼ TL Tabascosauce
1 EL Sojasauce
Chilipulver
2 EL Gemüsebrühe

**1**
Tofu in feine Scheiben schneiden.

**2**
Für die Marinade Sojasauce, Reiswein und Olivenöl verrühren, mit Pfeffer abschmecken, Knoblauchzehe dazupressen, über den Tofu träufeln, 4 Stunden marinieren.

**3**
Die marinierten Tofuscheiben in einer nicht klebenden Bratpfanne in wenig Olivenöl anbraten. Herausnehmen und warm stellen.

**4**
Die Zwiebeln in der Tofupfanne andünsten, Zutaten für die Sauce und den Tofu zufügen, unter vorsichtigem Rühren erhitzen.

# GEWÜRZ-TOFU

Grundrezept

600 g Tofu

**Marinade**
½ TL Meersalz
3 EL Sojasauce
2 Knoblauchzehen
15 cm Ingwerwurzel

Sesamöl zum Braten

**1**
Den Ingwer schälen und auf der Bircher-Rohkostreibe fein reiben, in ein Baumwolltüchlein füllen und auspressen, dabei den Saft auffangen.

**2**
Salz, Sojasauce, durchgepresste Knoblauchzehen und Ingwersaft verrühren.

**3**
Tofu in feine Scheiben schneiden, beidseitig mit der Marinade einpinseln. 4 Stunden marinieren.

**4**
Die Tofuscheiben in einer Bratpfanne im Sesamöl bei mäßiger Hitze braten.

**Tipp**
Passt gut zu Blattsalat.

# CHILI-TOFU

Grundrezept

500 g Tofu
3 EL Olivenöl extra nativ
1 EL Chilisauce oder -pulver
1½ dl/150 ml Gemüsebrühe
1 EL Sojasauce
1 TL Honig
3 Knoblauchzehen
1 EL Reiswein
Meersalz
frisch gemahlener Pfeffer

3 Schalotten
1 TL Sesamöl

**1**
Den Tofu würfeln und in einer Rührbratpfanne oder beschichteten Bratpfanne im Olivenöl braten. Chilisauce unterrühren. Nach und nach Gemüsebrühe, Sojasauce, Honig, durchgepresste Knoblauchzehen und Reiswein zufügen. Bei schwacher Hitze zugedeckt 15 Minuten kochen lassen. Die in wenig Wasser aufgelöste Maisstärke unter den Tofu rühren, die Sauce sämig werden lassen Würzen.

**2**
Schalotten fein hacken und im Sesamöl kräftig anbraten, über den Tofu verteilen.

# FRITTIERTER TOFU

Grundrezept

300 g Tofu
Meersalz
Mehl
Sesamsamen

Öl zum Frittieren

**1**
Den Tofu in Scheiben schneiden, in ein Küchentuch einschlagen und 2 Stunden ruhen lassen.

**2**
Tofuscheiben salzen, im Mehl, dann in den Sesamsamen wenden und diese leicht andrücken.

**3**
Das Öl erhitzen, die Tofuscheiben darin frittieren.

# REISNUDELN

mit Tofu, Sprossen und Erdnüssen

300 g dünne Reisnudeln

3 EL Erdnussöl
1 EL fein gehackter Knoblauch
3 Frühlingszwiebeln, fein gehackt
300 g Tofu, in Streifen
1 TL Chilipulver
2 EL Erdnussöl
500 g Sojasprossen
3 EL Sojasauce
Honig nach Belieben
½ Tasse gesalzene Erdnüsse
oder Pistazien, trocken geröstet

Koriander für die Garnitur
Frühlingszwiebeln für die Garnitur

**1**
Die Reisnudeln 10 Minuten in lauwarmem Wasser einweichen, in ein Sieb abgießen, das Sieb mit einem feuchten Tuch bedecken und 20 Minuten stehen lassen.

**2**
Knoblauch und Zwiebeln in einer Rührbratpfanne oder in einer beschichteten Bratpfanne im Erdnussöl andünsten, die Nudeln zufügen, unter ständigem Rühren braten. Herausnehmen.

**3**
Die Tofustreifen in der Nudelpfanne im Erdnussöl zusammen mit dem Chilipulver anbraten, Nudeln zufügen, gut vermengen, aus der Pfanne nehmen.

**4**
Die Sojasprossen und ein Teil der Frühlingszwiebeln (Garnitur) in wenig Erdnussöl in der Tofupfanne 3 Minuten dünsten, Sojasauce unterrühren, nach Belieben mit Honig abschmecken.

**5**
Alle Zutaten mischen. Anrichten. Mit Nüssen bestreuen und den restlichen Frühlingszwiebeln und dem Koriander garnieren.

# FALSCHE LASAGNE

mit Apfelweinsauce

8 grüne Lasagneblätter
250 g Tofu
Olivenöl extra nativ zum Braten
1 Bund Petersilie

**Marinade**

½ EL Gemüsebrühepulver
1 EL Sojasauce
2 EL Olivenöl extra nativ
2 Knoblauchzehen

**Apfelweinsauce**

2½ dl/250 ml Gemüsebrühe
1 Becher (180 g) Doppelrahm/Crème double
1 dl/100 ml vergorener Apfelsaft/Apfelwein
1 roter Peperoni/Paprikaschote
Meersalz
frisch gemahlener Pfeffer
Gemüsebrühepulver

**1**

Gemüsebrühepulver, Sojasauce und Olivenöl verrühren, Knoblauchzehen dazupressen. Tofu in feine Scheiben schneiden und beidseitig mit der Marinade bepinseln. Mindestens eine halbe Stunde marinieren.

**2**

Die Peperoni halbieren, den Stielansatz und die Kerne entfernen, die Fruchthälften klein würfeln, im Dampf knackig garen.

**3**

Für die Apfelweinsauce Gemüsebrühe offen bis auf ein paar wenige Esslöffel einkochen lassen. Doppelrahm und Apfelwein unterrühren, aufkochen. Peperoniwürfelchen zufügen, würzen.

**4**

Lasagneblätter in reichlich Salzwasser al dente kochen, abgießen.

**5**

Tofu in einer beschichteten Bratpfanne in wenig Olivenöl bei mäßiger Hitze beidseitig goldgelb braten.

**6**

Lasagne auf vorgewärmten Tellern anrichten, d. h. zuerst ein Lasagneblatt, dann eine Tofuscheibe auf den Teller legen und mit der Apfelweinsauce überziehen. Fortfahren mit einem Lasagneblatt, einer Tofuscheibe, mit der Sauce abschließen.

# LASAGNE

300–350 g Lasagneblätter

**Tomaten-Tofu-Füllung**

2 EL Olivenöl extra nativ
1 große Zwiebel
2–3 Knoblauchzehen
1½ kg Tomaten
400 g Tofu
fein gehackte Gartenkräuter
Meersalz
frisch gemahlener Pfeffer

**Béchamelsauce**

2 EL Butter
1 EL Mehl
1 Becher (180 g) Rahm/Sahne
1¾ dl/175 ml Gemüsebrühe
frisch gemahlener Pfeffer
Kräutermeersalz

**1**
Die Lasagneblätter in reichlich Salzwasser al dente kochen, abgießen und mit kaltem Wasser abschrecken. Oder gemäß Anleitung ohne Vorkochen verwenden.

**2**
Für die Füllung die Zwiebel und die Knoblauchzehen schälen und fein hacken. Tomaten schälen, Stielansatz kreisförmig herausschneiden, würfeln.

**3**
Tofu in gleich große Würfelchen wie die Tomaten schneiden.

**4**
Zwiebeln und Knoblauch im Öl andünsten, Tomatenwürfelchen zufügen und kurz mitdünsten. Tofu und Kräuter zufügen, mit Salz und Pfeffer würzen.

**5**
Backofen auf 200 °C vorheizen.

**6**
Für die Béchamelsauce das Mehl in der Butter andünsten. Rahm und Gemüsebrühe zugeben, unter ständigem Rühren 5 Minuten köcheln lassen.

**7**
Eine rechteckige Gratinform gut einfetten. Gratinboden mit der Béchamelsauce bedecken. Eine Lage Lasagneblätter darauf legen, mit der Tomaten-Tofu-Füllung bedecken, fortfahren mit Lasagneblättern, Tomaten-Tofu-Füllung usw., mit Béchamelsauce abschließen.

**8**
Die Lasagne auf mittlerer Schiene in den Backofen schieben und bei 200 °C ungefähr 40 Minuten backen.

# SPROSSEN UND WURZELGEMÜSE

mit gebratenem Tofu

2 EL Olivenöl extra nativ
500 g Tofu
1 EL Olivenöl extra nativ
150 g Karotten
150 g Knollensellerie
400 g gemischte Sprossen, z. B. Kichererbsen, Sojabohnen, Getreide, Rettich, Alfalfa
1 Bund Petersilie
½ dl/50 ml Gemüsebrühe
1 Msp Kurkuma/Gelbwurz
2 EL Sojasauce
frisch gemahlener Pfeffer
frisch geriebene Muskatnuss

**1**

Karotten und Sellerie schälen und in feine Stäbchen schneiden. Tofu ebenfalls in längliche Stücke schneiden. Petersilie von den Stielen zupfen und fein hacken.

**2**

Tofu in einer Rührbratpfanne oder beschichteten Bratpfanne im Olivenöl bei mittlerer Hitze braten, aus der Pfanne nehmen, beiseite stellen.

**3**

Restliches Olivenöl und Gemüse in die Bratpfanne geben und unter häufigem Rühren knackig garen. Sprossen, Petersilie, Gemüsebrühe und Kurkuma unterrühren, einige Minuten köcheln lassen. Tofu zufügen. Mit Sojasauce, Pfeffer und Muskat abschmecken.

# MAISKÜCHLEIN

mit Tomatensauce

**für 2 Personen**

Küchlein
70 g Dinkel- oder
Weizenruchmehl/Mehltyp 1050
1½ dl/150 ml Milch
1 Freilandei
250 g Tofu
1 kleine Dose Maiskörner,
abgetropft, ca. 300 g
1 Bund Schnittlauch
Meersalz
frisch gemahlener
schwarzer Pfeffer

Olivenöl extra nativ zum Braten

**Tomatensauce**
1 EL Olivenöl extra nativ
1 mittelgroße Zwiebel
1 Knoblauchzehe
600 g Tomaten
2 EL Tomatenpüree
Meersalz
frisch gemahlener
schwarzer Pfeffer
1 Bund Basilikum

Schnittlauch für die Garnitur

**1**
Für die Küchlein Mehl, Milch und Ei verquirlen. Den Tofu mit einer Gabel zerdrücken, mit den Maiskörnern und dem fein geschnittenen Schnittlauch zum Teig geben, mit Salz und Pfeffer würzen. 30 Minuten ruhen lassen.

**2**
Für die Sauce Zwiebel und Knoblauchzehe schälen und fein hacken. Tomaten schälen, den Stielansatz kreisförmig herausschneiden, in Würfelchen schneiden.

**3**
Zwiebeln im Olivenöl andünsten. Knoblauch und Tomaten zufügen, erhitzen, 10 Minuten köcheln lassen. Tomatenpüree unterrühren, mit Salz und Pfeffer würzen. Nochmals 10 Minuten köcheln lassen. Unmittelbar vor dem Servieren Basilikumblätter in feine Streifen schneiden und unterrühren.

**4**
Für die Maisküchlein in einer Bratpfanne wenig Olivenöl erhitzen. Teig portionieren, etwa 8 kleine Küchlein ausbacken.

**5**
Die Maisküchlein mit der heißen Tomatensauce anrichten. Mit dem Schnittlauch garnieren.

# TOFU-PILZ-RAGOUT

auf Toast

8–12 Toastbrotscheiben

2 EL Olivenöl extra nativ
400–500 g Tofu
1 große Zwiebel
200 g Champignons
2 EL Mehl
½ dl/50 ml trockener Weißwein
1 dl/100 ml Gemüsebrühe
1 dl/100 ml Rahm/Sahne
Meersalz
frisch gemahlener Pfeffer
1 Bund Schnittlauch

**1**

Tofu in feine Scheiben und diese in Dreiecke schneiden, mit Salz und Pfeffer würzen. Zwiebel schälen und fein hacken. Champignons je nach Größe halbieren, vierteln oder in Scheiben schneiden. Schnittlauch in Röllchen schneiden.

**2**

Tofustücke in einer Rührbratpfanne oder beschichteten Bratpfanne im Olivenöl portionsweise bei mäßiger Hitze braten, aus der Pfanne nehmen und beiseite stellen.

**3**

Zwiebeln und Champignons in der Tofupfanne in wenig Olivenöl dünsten, das Mehl darüber streuen. Den Weißwein angießen, vollständig einkochen lassen. Gemüsebrühe und Rahm zugeben, kurz köcheln lassen. Tofu und Schnittlauch zufügen, vermengen.

**4**

Brotscheiben im Backofen auf Grillstufe oder im Toaster bräunen.

**5**

Das Tofu-Pilz-Ragout auf den Toastscheiben anrichten. Sofort servieren.

# REISNUDELN MIT KOKOSNUSS

und Tofu

2 Schalotten
8 schwarze Pfefferkörner
1 große frische rote Chilischote, grob gehackt
½ TL Meersalz
6 EL Kokosnusscreme
3 EL Gemüsebrühe oder Wasser
1 TL Zucker
½ TL Chilipulver
2 EL helle pikante Sojasauce
150 g dünne Reisnudeln (sen mee)
150 g Tofu
Frittieröl
100 g Sojasprossen
1 Frühlingszwiebel, fein gehackt

Koriander für die Garnitur

**1**
Die Reisnudeln 20 Minuten in viel kaltem Wasser einweichen.

**2**
Tofu in kleine Würfel schneiden und in einer Fritteuse oder in einem Topf in reichlich Öl frittieren.

**3**
Schalotten, Pfefferkörner, Chili und Salz im Mörser zu einer Paste zerstoßen.

**4**
Kokosnusscreme in einem Topf oder im Wok leicht erhitzen, aber nicht kochen. Gemüsebrühe, Zucker, Chilipulver und Sojasauce unterrühren, dann die Paste unterrühren.

**5**
Reisnudeln auseinander ziehen und zur Sauce geben, köcheln lassen, bis sie fast gar sind. Tofu, Sojasprossen und Frühlingszwiebel zugeben, vermengen, mit dem Koriander garnieren.

# PEPERONI-SHIITAKE-GEMÜSE

mit Tofu und Erdnüssen

4 farbige Peperoni/
Paprikaschoten
1 TL Szechuan-Pfeffer
4 Frühlingszwiebeln,
in feinen Scheiben
8 Shiitake
1 EL fein gehackter Ingwer
2 Knoblauchzehen, fein gehackt
2 EL Knoblauchöl
300 g Tofu
30 g ungesalzene Erdnüsse

**Marinade**

6 EL Sojasauce
4 EL trockener Weißwein
4 EL Sherry
1 EL Meersalz
1 EL Zucker
1 EL Maisstärke

**1**

Peperoni halbieren, Stiel und Kerne entfernen, Schotenhälften in etwa 1 cm große Quadrate schneiden. Bei den Shiitake die Stiele entfernen, die Hüte in Streifen schneiden. Tofu längs in 3 Scheiben und diese quer in Streifen schneiden.

**2**

Die Marinade zubereiten.

**3**

Erdnüsse in einer Rührbratpfanne oder beschichteten Bratpfanne rösten, in einem Schüsselchen beiseite stellen. Tofustreifen in der gleichen Pfanne ohne Fett bei mäßiger Hitze Farbe annehmen lassen, beiseite stellen.

**4**

Das Knoblauchöl in der gleichen Pfanne bei mittlerer Hitze erwärmen, Peperoni und Pfeffer zufügen und 3 bis 4 Minuten rührbraten. Zwiebeln und Ingwer, Knoblauch und Pilze zufügen, etwa 3 Minuten rührbraten. Tofu und Marinade zufügen, sorgfältig vermengen. Anrichten. Erdnüsse darüber streuen.

# GEFÜLLTE WIRZBLÄTTER

an Kümmelsauce

**Wirztüten**
1 großer Wirz/Wirsing
2 EL Olivenöl extra nativ
250 g Tofu
50 g Cottage Cheese/Hüttenkäse
1 Freilandei

**Sauce**
wenig Butter
1 kleine Zwiebel, fein gehackt
150 g Cottage Cheese/Hüttenkäse
1 dl/100 ml Rahm/Sahne
1 TL Kümmelsamen
Meersalz
frisch gemahlener Pfeffer

**1**
8 große äußere Wirzblätter in einem Topf in sprudelnd kochendem Wasser bissfest kochen. Unter kaltem Wasser abschrecken. Mittelrippen bis zur Mitte herausschneiden. Schnittstellen übereinander legen und fest halten, Blatt zu einer Tüte einrollen.

**2**
Restlichen Wirz in Streifchen schneiden, im heißen Öl knackigdünsten. Ein paar Gemüsestreifchen für die Garnitur zur Seite legen.

**3**
Tofu, Cottage Cheese, Ei und Wirz vermengen, in die Tüten füllen.

**4**
Für die Sauce Zwiebeln in der Butter andünsten, Cottage Cheese beifügen und unter Rühren schmelzen. Rahm und Kümmel unterrühren, die Sauce würzen, erhitzen. Wirztüten in die Sauce legen, zugedeckt 15 Minuten köcheln lassen. Anrichten. Mit den Wirzstreifchen garnieren.

# GRÜNKERN-TOFU-KUGELN

im Kokosnussmantel

2 dl/200 ml Wasser
½ KL Meersalz
1 Prise Paprikapulver
150 g feiner Grünkernschrot
200 g Tofu
1 Freilandei
1 Prise scharfer Curry
1 Prise Ingwerpulver
Kräutermeersalz
1 Bund Petersilie, Blättchen abgezupft und fein gehackt

50 g Kokosnussflocken

Bratbutter/Butterschmalz

**1**

Wasser, Salz und Paprika aufkochen, Grünkernschrot zufügen, auf der ausgeschalteten Wärmequelle zugedeckt 30 Minuten oder länger quellen lassen.

**2**

Tofu mit einer Gabel möglichst fein zerdrücken, mit dem Ei unter den Grünkernschrot mischen, mit Curry, Ingwer und Kräutersalz würzen, Petersilie unterrühren.

**3**

Aus der Getreidemasse mit leicht gefetteten Händen Kugeln formen, in den Kokosflocken drehen.

**4**

Grünkern-Tofu-Kugeln in der Bratbutter braten.

**Tipp**

Mit Gemüse servieren.

# TOFU-STROGANOFF

400 g Tofu
3–4 EL Sojasauce
frisch gemahlener Pfeffer
reichlich Paprikapulver
1 EL Bratbutter/Butterschmalz
1 mittelgroße Zwiebel
1 roter Peperoni/Paprikaschote
150 g Champignons
2 dl/200 ml Wasser
2 Essiggurken, in Streifen
1 Bund Petersilie
1 dl/100 ml Rotwein
1 dl/100 ml Rahm/Sahne
1 EL Maisstärke
2 EL Cognac

**1**
Tofu in Würfel schneiden, mit Sojasauce, Pfeffer und Paprika würzen, 30 Minuten marinieren.

**2**
Petersilie von den Stielen zupfen und fein hacken. Zwiebel schälen, halbieren und in Streifen schneiden. Peperoni halbieren, Stielansatz und Kerne entfernen, Schotenhälften in Streifen schneiden. Champignons je nach Größe halbieren, vierteln oder in Scheiben schneiden. Gurken in Streifen schneiden.

**3**
Zwiebeln in einer Rührbratpfanne oder beschichteten Bratpfanne in der Bratbutter andünsten, Tofu, Peperoni und Pilze zufügen, mitdünsten. Wasser angießen, bei schwacher Hitze 10 Minuten köcheln. Gurken, Petersilie sowie Rotwein unterrühren, kurz köcheln lassen. Rahm unterrühren, erhitzen, mit Cognac abschmecken, mit Salz und Pfeffer abrunden. Die Sauce je nach Konsistenz mit der mit Wasser angerührten Maisstärke binden.

**Tipp**
Mit Reis oder Nudeln servieren.

# TOFU AN TOMATENSAUCE

auf chinesische Art

3 EL Olivenöl extra nativ
8 Knoblauchzehen
5 junge Zwiebeln mit Grün
500 g Tofu
½ TL Meersalz
1–2 EL Sojasauce
1 TL Honig
1 EL Maisstärke
1 kg sonnengereifte Tomaten
1 TL Sesamöl

**1**
Den Tofu in Würfel schneiden. Knoblauchzehen schälen und fein hacken. Zwiebeln zerkleinern. Tomaten schälen, Stielansatz kreisförmig herausschneiden, das Fruchtfleisch würfeln.

**2**
Knoblauch, Zwiebeln und Tofu in einer Rührbratpfanne oder beschichteten Bratpfanne im Olivenöl braten. Aus der Pfanne nehmen und beiseite stellen.

**3**
Salz, Sojasauce, Honig und Maisstärke in der Rührbratpfanne glatt rühren.Tomaten zufügen und einige Minuten köcheln, Tofu zufügen, erhitzen, mit Sesamöl abschmecken.

# TOFU-BOLOGNESE

mit Nudeln

**für 6 Personen**

600–900 g mittelbreite Nudeln

2 EL Olivenöl extra nativ
1 mittelgroße Zwiebel
2 Knoblauchzehen
1 Bund glattblättrige Petersilie
1 kg Fleischtomaten
2 EL Tomatenpüree
300 g Tofu
heiße Gemüsebrühe
Meersalz
frisch gemahlener Pfeffer
reichlich frisch gehackte Kräuter
50 g geriebener Sbrinz
oder Parmesan

**1**
Zwiebel, Knoblauchzehen und abgezupfte Petersilie fein hacken. Tomaten schälen, Stielansatz kreisförmig herausschneiden, Fruchtfleisch würfeln. Tofu mit einer Gabel grob zerdrücken.

**2**
Zwiebeln, Knoblauch und Petersilie im Olivenöl andünsten, Tomaten und Tomatenpüree unterrühren, bei schwacher Hitze rund 30 Minuten köcheln lassen.

**3**
Zerdrückten Tofu unterrühren, je nach Konsistenz mit Gemüsebrühe verdünnen. Die Sauce soll eher dickflüssig sein. Mit Salz und Pfeffer würzen. Die gehackten Kräuter unterrühren.

**4**
Die Nudeln in einem großen Kochtopf in reichlich Salzwasser al dente kochen, abgießen, mit wenig Olivenöl vermengen, in vorgewärmten Suppentellern anrichten, die Sauce darüber verteilen. Käse separat servieren.

# PATISSONS

mit Tofufüllung

**für 24 Mini-Patissons**

24 Mini-Patissons
1 l Gemüsebrühe

2 EL Olivenöl extra nativ
1 Zwiebel
1 Knoblauchzehe
½ roter Peperoncino oder Sambal Oelek oder Tabascosauce, nach Belieben
300 g Tofu
2 EL Rotwein, nach Belieben
1 EL Tomatenpüree
Sojasauce
frisch gemahlener Pfeffer
frischer Majoran, Blättchen abgezupft
frischer Thymian, Blättchen abgezupft
2 EL fein gehackte Petersilie

**1**
Die Patissons mit einem Kugelausstecher aushöhlen. Innenwände der Patissons und Kugeln mit Öl bepinseln, auf ein Blech stellen.

**2**
Tofu mit einer Gabel möglichst fein zerdrücken. Zwiebel schälen und fein hacken. Knoblauchzehe schälen und durchpressen. Peperoncino in feine Ringe schneiden.

**3**
Backofen auf 220 °C vorheizen.

**4**
Zwiebeln, Knoblauch sowie Peperoncini im Öl andünsten, Tofu unterrühren, bei mittlerer Hitze weiterdünsten. Rotwein und Tomatenpüree unterrühren. Mit Sojasauce, Pfeffer, Majoran, Thymian und Petersilie würzen. Patissons füllen.

**5**
Gefüllte Patissons mit den ausgestochenen Kugeln in der Mitte in den Backofen schieben, bei 220 °C 15 bis 20 Minuten braten. Sofort servieren.

# SCHNITZEL

paniert

600 g Tofu
4 EL Sojasauce
durchgepresste Knoblauchzehen
2 Freilandeier
helles Paniermehl/Semmelbrösel

Olivenöl extra nativ

**1**
Tofu in etwa 5 mm dicke Scheiben schneiden, mit Sojasauce und durchgepresstem Knoblauch würzen, 15 Minuten marinieren.
**2**
Eier verquirlen. Tofuscheiben im Ei und im Paniermehl wenden.
**3**
Ein wenig Olivenöl in einer beschichteten Bratpfanne erhitzen, marinierte Tofuschnitzel bei mittlerer Hitze beidseitig braten.

**Tipp**
Mit knackig gedünstetem Gemüse und Zitronenspalten servieren.

Abbildung

# TOFU-SPIESSCHEN

im Gemüsekleid

300 g geräucherter Tofu
200 g Karotten
200 g gelbe Rüben
200 g Zucchini
8 Cherrytomaten
8 kleine Champignons
Sojasauce
Kräutermeersalz
frisch gemahlener Pfeffer

Bratbutter/Butterschmalz zum Braten der Spießchen

**1**
Tofu in 20 gleich große Würfel schneiden.
**2**
Karotten, Rüben und Zucchini schälen,mit dem Sparschäler 20 lange Streifen abziehen. Tofuwürfel mit Gemüsestreifen umwickeln.
**3**
Tofu,Tomaten und Pilze auf Spießchen reihen, mit Sojasauce, Kräutersalz und Pfeffer würzen.
**4**
Tofuspießchen in der Bratbutter langsam braten.

# BABY-AUBERGINEN

mit Tofu und Frühlingszwiebeln

- 1 kg Mini-Auberginen
- 400 g Tofu
- Öl zum Frittieren
- 1 TL Sesamöl
- 3 Knoblauchzehen
- 1 cm Ingwerwurzel
- einige Frühlingszwiebeln
- 2 TL Sambal Oelek
- ½ TL Dijonsenf
- 1 EL Reiswein
- 2 EL Sojasauce
- 1¼ dl/125 ml Gemüsebrühe
- 1 TL Maisstärke

- Sesamöl zum Beträufeln

**1**

Mini-Auberginen schälen und längs vierteln. Tofu in nicht zu kleine Würfel schneiden. Knoblauchzehen schälen und durchpressen. Frühlingszwiebeln in Ringe schneiden. Ingwerwurzel schälen und fein hacken.

**2**

Auberginenviertel portionsweise frittieren, auf Küchenpapier abtropfen lassen. Tofu ebenfalls frittieren.

**3**

Knoblauch und Ingwer in einer Rührbratpfanne im Sesamöl andünsten. Zwiebeln, Sambal Oelek, Senf, Reiswein, Sojasauce und Gemüsebrühe zufügen und erhitzen. Frittierte Auberginen und frittierten Tofu ebenfalls zufügen und 2 Minuten dünsten. Die Maisstärke mit 2 Esslöffeln Wasser anrühren, Sauce damit binden. Mit Sesamöl beträufeln.

# GEMÜSE-TOFU-PFANNE

süßsauer

**Sauce**

1 Stück Ingwerwurzel
2 EL Zucker
3 EL Essig
2 EL Tomatenpüree
3 EL Sojasauce
2 EL Sherry, nach Belieben
5 EL Orangensaft
5 EL Wasser
1 EL Maisstärke

**Gemüse**

3 EL Olivenöl extra nativ
500 g Tofu
2 Freilandgurken
1 Mango
1 roter Peperoni/Paprikaschote
1 Chinakohl
2 rote Zwiebeln

**1**
Den Ingwer schälen und auf der Bircher-Rohkostreibe reiben. Übrige Zutaten für die Sauce unterrühren.

**2**
Gurken schälen und halbieren, die Kerne entfernen. Gurkenhälften in feine Scheiben schneiden. Mango schälen, Fruchtfleisch vom Stein, dann in Scheibchen schneiden. Peperoni halbieren, Stielansatz und Kerne entfernen, Fruchthälften halbieren, quer in Streifchen schneiden. Chinakohl halbieren, in Streifen schneiden. Zwiebeln halbieren, in feine Streifen schneiden.

**3**
Tofu würfeln, in einer Rührbratpfanne oder beschichteten Bratpfanne in wenig Olivenöl bei mäßiger Hitze braten, herausnehmen, beiseite stellen.

**4**
Gurken, Mangos, Peperoni sowie Chinakohl und Zwiebeln in der Tofupfanne in wenig Olivenöl 2 bis 3 Minuten dünsten. Süßsaure Sauce unterrühren.

**5**
Gemüse mit dem Tofu anrichten.

**Tipp**

Mit Trockenreis servieren. Es können auch andere Gemüse wie Lauch, Kohlrabi, Blumenkohl, Brokkoli oder Kefen/Zuckerschoten verwendet werden.

# SCHABZIGERKRAPFEN

**Vollkornteig**
150 g Weizen- oder Dinkelvollkornmehl
½ TL Meersalz
60 g kalte Butterstückchen
120 g Vollmilchquark

1 Eigelb zum Bepinseln

**Füllung**
250 g Tofu
150 g Cottage Cheese/Hüttenkäse
½ Dose Maiskörner
40 g geriebener Schabziger
3 EL Milch
1 Bund Petersilie
Meersalz
frisch gemahlener Pfeffer

**1**
Für den Teig Mehl und Salz mischen, Butterstückchen zufügen, mit dem Mehl krümelig reiben. Quark zufügen, alles rasch zu einem Teig zusammenfügen, nicht kneten! Teig in Klarsichtfolie einwickeln, im Kühlschrank 30 Minuten ruhen lassen.

**2**
Für die Füllung Tofu mit einer Gabel zerdrücken, Cottage Cheese, Maiskörner, Schabziger und Milch unterrühren. Petersilie von den Stielen zupfen, unter die Tofumasse rühren, mit Salz und Pfeffer abschmecken.

**3**
Backofen auf 220 °C vorheizen.

**4**
Teig dünn ausrollen, 8 Rondellen von 15 cm Durchmesser ausstechen. Ränder mit dem leicht verquirlten Eiweiß bepinseln. Füllung auf eine Hälfte der Rondellen verteilen. Rondellen zu Halbmonden zusammenklappen, Ränder mit einer Gabel gut andrücken. Krapfen auf ein mit Backpapier belegtes Blech legen, mit verdünntem Eigelb bepinseln.

**5**
Die Krapfen in der Mitte in den Backofen schieben, bei 220 °C 15 bis 20 Minuten backen.

# PIKANTE TOFU-GUETZLI

mit Mandelblättchen

**Marinade**
2 EL Sojasauce
1 TL Maisstärke
2 EL Olivenöl extra nativ
1 TL Meersalz
1 TL Honig
½ TL Chinagewürz

400 g Tofu
2 EL Olivenöl extra nativ
2 Schalotten, gehackt
2 rote Peperoni/Paprikaschoten
100 g Mandelblättchen
grüne Salatblätter

**1**
Sämtliche Zutaten für die Marinade verrühren.

**2**
Tofu in 5 mm dicke Scheiben schneiden, mit Guetzliausstechern beliebige Formen ausstechen oder aber den Tofu in Würfel oder in Streifen schneiden. In eine Schüssel geben, mit der Marinade beträufeln. Einige Stunden marinieren.

**3**
Peperoni halbieren, Stielansatz und Kerne entfernen. Fruchthälften nochmals halbieren, dann quer in Streifen schneiden. Über Dampf einige Minuten garen.

**4**
Die Mandelblättchen in einer Bratpfanne trocken rösten, in ein Schüsselchen geben und leicht salzen.

**5**
Tofu und Schalotten in einer Rührbratpfanne bei mäßiger Hitze braten, warm stellen. Peperonistreifen kurz braten.

**6**
Tofu mit dem Gemüse auf Salatblättern anrichten, die Mandelblättchen darüber streuen.

# TOFU MIT SHIITAKE

2 EL Olivenöl extra nativ
600 g Tofu
3 cm Ingwerwurzel
2 Knoblauchzehen
2 Karotten
2 Lauchzwiebeln
250 g Shiitake
1 EL Maisstärke
Chili nach Belieben

**Sauce**
3 EL Sojasauce
1 EL flüssiger Honig
4 EL Reiswein
Meersalz

**1**
Bei den Shiitake die Stiele herausdrehen und die Hüte je nach Größe zerkleinern. Tofu in Würfel schneiden. Den Ingwer schälen und fein hacken. Knoblauchzehen schälen und in feine Scheiben schneiden. Karotten schälen und in streichholzdünne Stäbchen schneiden. Die Lauchzwiebeln in Streifen schneiden.

**2**
Für die Sauce Sojasauce, Honig und Reiswein verrühren, mit Salz abschmecken.

**3**
Tofu in einer Rührbratpfanne oder in einer beschichteten Bratpfanne im Olivenöl bei mäßiger Hitze braten, herausnehmen.

**4**
Ingwer, Knoblauch, Karotten, Lauchzwiebeln und Shiitake-Pilze in der Rührbratpfanne 5 bis 7 Minuten rührbraten. Die Hitze reduzieren. Den Tofu mit der Sauce zufügen, vermengen und 3 Minuten köcheln lassen. Sauce eventuell mit wenig angerührter Maisstärke binden.

# TOFUSTREIFEN

mit Bohnensprossen

**Marinade**
1 TL flüssiger Honig
2 EL trockener Weißwein
1 EL Olivenöl extra nativ
1 TL Maisstärke
1 Prise Salz

2 EL Olivenöl extra nativ
400 g Tofu
1 EL Mehl
2 große Frühlingszwiebeln
wenig frisch geriebene Ingwerwurzel
200 g Bohnensprossen
2 Karotten
Sambal Oelek
frisch gemahlener Pfeffer
Chinagewürz
1 EL Sojasauce

**1**
Sämtliche Zutaten für die Marinade verrühren. Den Tofu in Streifen schneiden, mit der Marinade beträufeln und etwa 4 Stunden marinieren.

**2**
Karotten schälen, mit dem Sparschäler Streifen abziehen. Frühlingszwiebeln längs halbieren oder vierteln.

**3**
Tofu in einer Rührbratpfanne oder beschichteten Bratpfanne im Olivenöl bei mäßiger Hitze braten, mit dem Mehl bestäuben, aus der Bratpfanne nehmen und beiseite stellen.

**4**
Zwiebeln in der Tofupfanne knackig dünsten. Ingwer, Bohnensprossen und Karotten zufügen und kurz mitdünsten, gut würzen. Den Tofu zufügen, erhitzen.

# KÄSEBURGER

mit Petersilienpesto

**Käseburger**
400 g Tofu
80 g geriebener Sbrinz
oder Parmesan
1 Freilandei
2 EL Kürbiskerne

Olivenöl extra nativ
zum Braten

geröstete Pinienkerne
für die Garnitur

**Petersilienpesto**
3 Bund Petersilie
60 g Pinienkerne
2 Knoblauchzehen
1 dl/100 ml Olivenöl extra nativ
Meersalz

**1**
Tofu mit einer Gabel fein zerdrücken, Sbrinz, Ei und Kürbiskerne unterrühren. Aus der Masse 12 kleine Burger formen, im heißen Olivenöl beidseitig 4 Minuten braten.

**2**
Für den Pesto Petersilie von den Stielen zupfen, die Knoblauchzehen schälen und grob hacken. Alle Zutaten nicht zu fein pürieren, mit Salz abschmecken.

**3**
Pesto auf Teller verteilen. Käseburger darauf legen. Pinienkerne darüber streuen.

# SCHARFER CHINESISCHER TOFU

400 g gefrorener Tofu
2 EL frisch geriebene Ingwerwurzel
4 EL Sojasauce
2 EL Olivenöl extra nativ
1½ Tassen Wasser
1 große Zwiebel
2 Knoblauchzehen
1 TL Chilipulver
1 Prise Kurkuma/Gelbwurz
1½ dl/150 ml Wasser
½ EL Honig
1 EL Zitronensaft
frischer Koriander

**1**
Angetauten Tofu in Stücke schneiden. Ingwer, Sojasauce, Olivenöl und Wasser aufkochen, Tofu zufügen, bei schwacher Hitze 20 Minuten köcheln lassen. 24 Stunden stehen lassen. Einen Teil der Flüssigkeit aus dem Tofu drücken.

**2**
Zwiebel schälen und in sehr feine Ringe schneiden. Knoblauchzehen schälen und durchpressen.

**3**
Tofu in einer beschichteten Bratpfanne im Olivenöl braten, Zwiebeln und Knoblauch zufügen und mitbraten. Chili, Kurkuma, Wasser und Honig zufügen, so lange köcheln lassen, bis die Flüssigkeit vollständig verdampft ist. Zitronensaft und gezupfte Korianderblätter zufügen, bei starker Hitze braten, bis der Saft verdampft und die Pfanne trocken ist.

**Tipp**
Passt zu gedünstetem Gemüse.

# BRATLINGE

aus Mais und Tofu

250 g gekochte Polenta oder gekochter Weizengrieß
150 g Tofu
Kräutermeersalz
frisch gemahlener Pfeffer
Provencekräuter
1 Prise Currypulver
1 Prise Paprikapulver

Olivenöl extra nativ zum Braten

**1**
Tofu mit einer Gabel möglichst fein zerdrücken, unter die Polenta rühren. Masse pikant würzen.
**2**
Von der Mais-Tofu-Masse mit dem Eisportionierer Kugeln abstechen, daraus Bratlinge formen.
**3**
Mais-Tofu-Bratlinge im nicht zu heißen Olivenöl beidseitig braten.

**Variante**
Frische Maiskörner und/oder fein gehackten, blanchierten Spinat unter die Maismasse rühren.

# TOFULINO-BURGER

**für 5–6 Burger**

300 g Tofu
2 kleine Zwiebeln
2 Karotten
2 Freilandeier
8 EL Dinkelmehl
1 EL Olivenöl extra nativ
1 Msp Currypulver
2 Prisen Chilipulver
1 Msp Ingwerpulver
Meersalz

2–3 EL Bratbutter/Butterschmalz

**1**
Tofu mit einer Gabel möglichst fein zerdrücken. Zwiebeln schälen und fein hacken, unter den Tofu mischen. Karotten schälen und auf der Bircher-Rohkostreibe zum Tofu reiben. Eier, Mehl und Öl unterrühren, würzen.
**2**
Aus der Tofumasse mit nassen Händen Kugeln formen und diese flach drücken, etwa 10 Minuten ruhen lassen.
**3**
Burger in einer Bratpfanne in der Bratbutter bei schwacher Hitze beidseitig braten.

**Tipp**
Burger mit Radieschen und Kresse auf Vollkornbrotscheiben legen oder in ein aufgeschnittenes Vollkornbrötchen klemmen.

Abbildung

# GEBRATENER INGWER-REIS

mit Tofu

4 EL Erdnussöl
100 g frische chinesische Pilze
oder
10 g getrocknete chinesische Pilze
300 g Tofu, gewürfelt
1 EL Sojasauce
1 Schalotte, fein gehackt
5 cm Ingwer, fein gerieben
wenig Honig
400 g gekochter Langkorn-Naturreis
1 Bund Schnittlauch, fein geschnitten

**1**

Getrocknete Pilze 30 Minuten in lauwarmem Wasser einweichen, gut ausdrücken, klein schneiden. Frische Pilze je nach Größe zerkleinern.

**2**

Pilze und Tofu in einer Rührbratpfanne oder beschichteten Bratpfanne in 2 EL Erdnussöl kräftig anbraten. Aus der Pfanne nehmen, mit der Sojasauce würzen.

**3**

Schalotten mit fein geriebenem Ingwer in der Tofupfanne anbraten, Honig unterrühren. Reis zugeben und mitbraten. Pilz-Tofu-Gemisch zugeben, alles gut vermengen, mit dem Schnittlauch garnieren.

# GEMÜSECURRY

mit Kokosnussmilch

½ l Kokosnussmilch
1 TL Kurkuma, für die Farbe
2 EL Currymischung
1 Prise Muskatnuss
1 kleine Zwiebel
2 Knoblauchzehen, durchgepresst
1 frischer roter Peperoncino
200 g Karotten
200 g Lauch
100 g Wirz/Wirsing
1 roter Peperoni/Paprikaschote
200 g Blumenkohl oder Brokkoli, in Röschen
100–200 g gekochte Kichererbsen
2 EL gehackte glattblättrige Petersilie
½ unbehandelte Zitrone

**Marinade**

½ dl/50 ml Sojasauce
wenig Sherry
1 EL Olivenöl extra nativ
1 Knoblauchzehe, fein gehackt
1 Prise Chilipulver

100 g weicher Tofu, gewürfelt

**1**

Für die Tofu-Marinade Sojasauce, Sherry und Olivenöl verrühren, Knoblauch und Chilipulver unterrühren. Tofu mit der Marinade vermengen, 3 Stunden zugedeckt marinieren.

**2**

Zwiebel schälen und fein hacken. Karotten schälen und in feine Scheiben schneiden. Die äußeren zähen Blätter beim Lauch entfernen, die Stangen in Ringe schneiden. Wirz in Streifen schneiden. Peperoni halbieren, Stiel und Kerne entfernen, Schotenhälften in feine Streifen schneiden. Beim Blumenkohl/Brokkoli Strunk abschneiden und in Stäbchen schneiden. Blumen in Röschen brechen.

**3**

Kokosmilch erhitzen, Gewürze, Zwiebeln, Knoblauch, Peperoncini und Gemüse zugeben und bei schwacher Hitze knackig kochen.

**4**

Tofuwürfel in wenig Olivenöl bei mittlerer Hitze braten.

**5**

Gekochte Kichererbsen und Petersilie unter das Curry rühren, 5 Minuten köcheln lassen. Zitronenschale dazu reiben. Tofu unterrühren. Sofort servieren.

**Mahlzeit**

Je nach Appetit mit Couscous oder Reis servieren.

# FISCH-ROULADEN

an Rahm-Zitronen-Sauce

**Fischrouladen**

1 Lattich
200 g Fischfilets, z. B. Heilbutt oder Rotzunge
3 EL Zitronensaft
250 g Tofu
Meersalz
frisch gemahlener Pfeffer

**Sauce**

1 dl/100 ml Gemüsebrühe
½ unbehandelte Zitrone
1 Karotte
1 Becher Halbrahm/Sahne
Meersalz
frisch gemahlener Pfeffer
1 Bund Schnittlauch, fein geschnitten



**1**
Für die Rouladen 8 schöne Lattichblätter in kochendem Wasser blanchieren, unter kaltem Wasser abschrecken, Blätter flach auf die Arbeitsfläche legen, die Mittelrippen flachdrücken.

**2**
Fisch und Zitronensaft fein pürieren. Tofu mit einer Gabel fein zerdrücken, unter das Fischpüree rühren. Würzen. Füllung auf den Lattichblättern verstreichen. Blätter einrollen.

**3**
Von der Zitrone möglichst dünne Streifen abschälen, längs in Streifchen (Juliennes) schneiden. Karotte schälen, mit dem Sparschäler Streifen abziehen, quer halbieren und längs in Streifchen schneiden.

**4**
Gemüsebrühe, Zitronen- sowie Karotten-Juliennes aufkochen, 5 Minuten köcheln lassen. Rahm beifügen, erhitzen. Mit Salz und Pfeffer würzen. Fischrouladen in die Sauce legen und bei schwacher Hitze 10 Minuten zugedeckt garziehen lassen. Schnittlauch zugeben.

**5**
Rahmsauce auf Teller verteilen. Fischrouladen einmal quer durchschneiden, darauf anrichten.

# FRÜHLINGSGEMÜSE

mit Tofu

**Marinade**
6 EL Sojasauce
2 TL frisch gepresster Zitronensaft
2 EL Sesamöl

400 g Tofu
frisch gemahlener Pfeffer
edelsüßes Paprikapulver

300 g Kefen/Zuckerschoten
300 g Bundkarotten
500 g weißer Spargel,
Durchmesser 2 cm

**Rahmsauce**
1 dl/100 ml Sauermilch
1 dl/100 ml Rahm/Sahne
1 dl/100 ml Gemüsebrühe
1 TL Senf, Schärfe nach Belieben
1 TL frisch gepresster Zitronensaft
Meersalz
frisch gemahlener Pfeffer

1 EL fein geschnittener Kerbel

**1**
Für die Marinade Sojasauce, Zitronensaft und Sesamöl gut verrühren. Den Tofu in Würfel schneiden, mit der Marinade vermengen. 20 Minuten stehen lassen.

**2**
Bei den Kefen den Stielansatz mit dem zähen Faden abziehen. Das Kraut der Karotten auf 5 cm kürzen, große Karotten längs halbieren. Unteres Drittel beim Spargel großzügig, Rest sparsam schälen, Schnittstelle kappen, Spargel in etwa 5 cm lange Stücke schneiden.

**3**
Kefen, Karotten und Spargel im Dampf knackig garen.

**4**
Für die Rahmsauce Sauermilch, Rahm und Gemüsebrühe aufkochen, köcheln lassen, bis die Sauce bindet. Senf und Zitronensaft unterrühren, mit Salz und Pfeffer abschmecken.

**5**
Tofu in einer Rührbratpfanne oder beschichteten Bratpfanne Farbe annehmen lassen, mit Pfeffer und Paprika würzen.

**6**
Tofu und Frühlingsgemüse auf Tellern anrichten, die Rahmsauce darüber gießen.

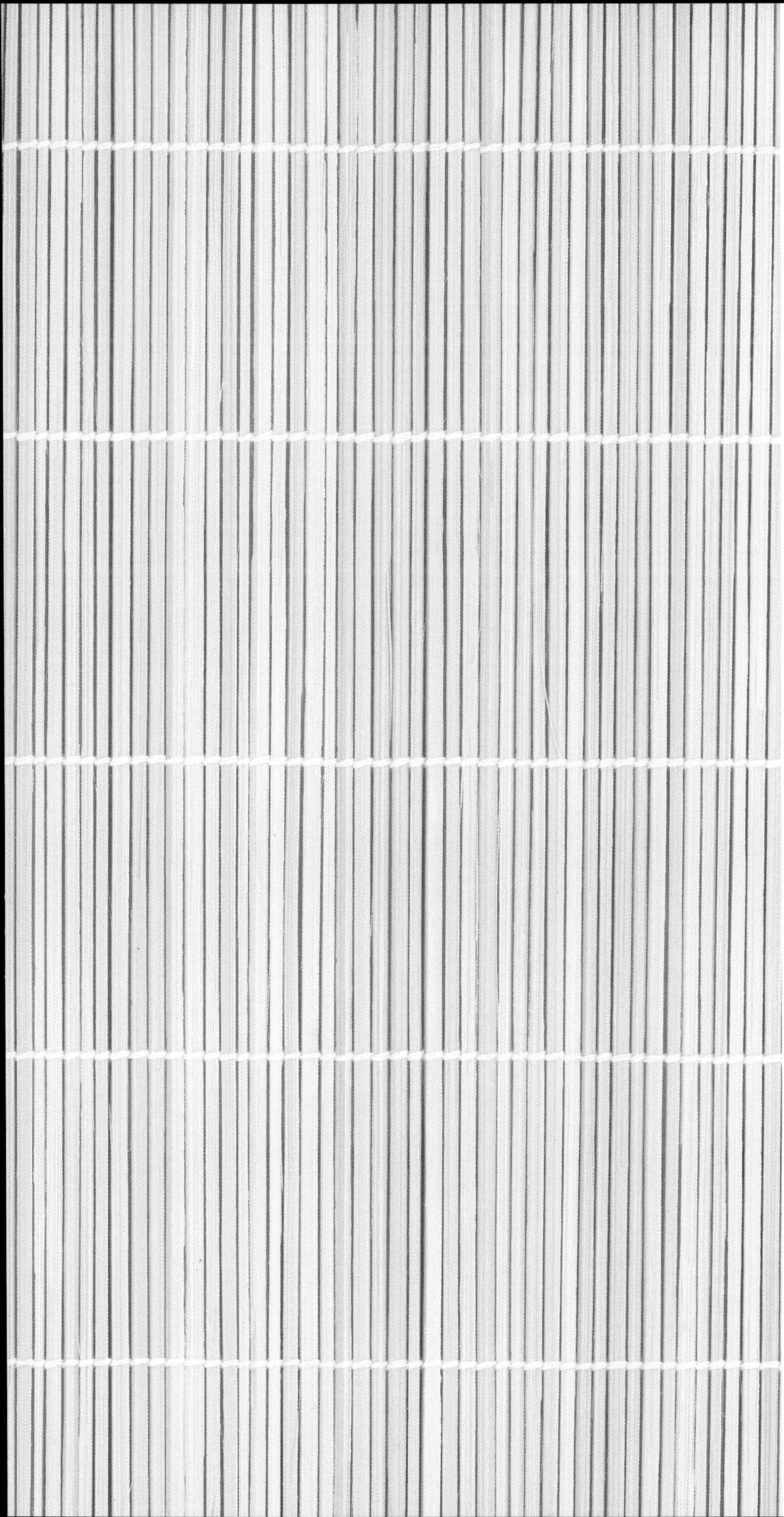

# DESSERTS

# LEBKUCHEN-
Creme

140 g Tofu
1 dl/100 ml Milch
1 Becher Rahm/Sahne
1 EL Lebkuchengewürz
2 EL Akazienblütenhonig
oder Birnendicksaft

Tofu zerkleinern, mit Milch, Rahm, Lebkuchengewürz und Honig fein pürieren. Gekühlt servieren.

**Variante**
Die Lebkuchencreme lässt sich auch tiefkühlen. Ein herrliches Eis!

**Tipp**
Passt zu Rotweinbirnen oder einem Kompott aus Birnen oder Äpfeln.



# VANILLE-
Eiscreme

300 g Tofu
120 g Akazienblütenhonig
1 TL Vanillepulver oder
1 EL Kirsch
½ l Rahm/Sahne

**1**
Tofu zerkleinern, mit Honig und Vanillepulver fein pürieren.
**2**
Rahm steif schlagen, vorsichtig unter die Tofucreme heben.
**3**
Tofucreme im Tiefkühler fest werden lassen.

**Tipp**
Wenn man im gleichen Arbeitsgang ein Vanille- und ein Schokoladeneis herstellen will, halbiert man das Tofupüree.
Die eine Hälfte mit einem Esslöffel Kakao, einem Esslöffel Honig und zwei Esslöffeln Rahm glatt rühren. Steif geschlagenen Rahm zu gleichen Teilen unter die beiden Cremes heben.
Für Kinder den Kirsch weglassen (er hat die Funktion, das Eis geschmeidiger zu machen).

Abbildung

# APFELSAFT-
Creme

200 g Tofu
½–1 dl/50–100 ml Apfelsaft
oder Fruchtsaft
1–2 EL Honig
1 EL Kirsch oder feiner Schnaps
1 TL Vanillezucker

Alle Zutaten im Mixer cremig pürieren.

# ZIMTCREPES

mit Zwetschgenkompott

**Kompott**
500 g Pflaumen oder Zwetschgen
50 g Zucker
1 Zimtstange
2 Gewürznelken
½ dl/50 ml Orangensaft

**Zimtcreme**
125 g Tofu
250 g Halbfett- oder Magerquark
2 TL Zimtpulver
3 EL flüssiger Honig oder Zucker

**Crêpes**
100 g Ruchmehl/Mehltype 1050
2½ dl/250 ml Milch
1 Freilandei
½ unbehandelte Zitrone, abgeriebene Schale
1 EL Honig

Öl zum Backen

**1**
Für die Crêpes alle Zutaten zu einem glatten Teig rühren, etwa 30 Minuten ruhen lassen.

**2**
Die Pflaumen halbieren, den Stein entfernen, die Fruchthälften in Spalten schneiden oder halbieren. Zucker, Zimtstange, Nelken und Orangensaft aufkochen. Pflaumen zugeben und kurz köcheln lassen.

**3**
Für die Zimtcreme alle Zutaten fein pürieren.

**4**
Für die Crêpes wenig Öl in einer beschichteten Bratpfanne nicht zu stark erhitzen. Den Teig portionieren, d. h. 4 große oder 8 kleine Crêpes ausbacken. Noch heiß mit der Zimtcreme füllen, mit dem Kompott umgeben.

**Variante**
Zu den Crêpes passt auch ein Birnen- oder Apfelkompott. Anstelle der Creme kann man auch ein Zwetschgensorbet oder ein Eiscreme servieren.

# TIROLER-CAKE

mit Orangensauce

**für eine Cakeform von 30 cm Länge**

**Cake**

3 Freilandeier
120 g Vollrohrzucker
250 g Tofu
1½ dl/150 ml Milch
75 g Baumnüsse/Walnüsse, grob gehackt
180 g Weizenvollkornmehl
2 TL phosphatfreies Backpulver
3 EL Kakaopulver
75 g flüssige Butter
75 g Crémant-Schokolade, grob gehackt

**Orangensauce**

2 unbehandelte Orangen, Schalenstreifchen von einer Frucht, Saft beider Früchte
1 TL Maisstärke
3 EL Zucker
1 unbehandelte Orange, in Filets

**1**

Backofen auf 200 °C vorheizen. Die Cakeform einfetten.

**2**

Tofu zerkleinern, mit der Milch pürieren. Eier und Zucker zu einer luftigen, cremigen Masse aufschlagen. Tofumilch unterrühren. Nüsse, Mehl, Backpulver und Kakao mischen und unter die Eiercreme heben, flüssige Butter und zerkleinerte Schokolade unterrühren. Die Teigmasse in die eingefettete Form füllen. Cake in der Mitte in den Backofen schieben und bei 200 °C etwa 35 Minuten backen.

**3**

Für die Orangensauce Schalenstreifchen, Saft, Maisstärke sowie Zucker in einer Pfanne glatt rühren, unter Rühren aufkochen, auskühlen lassen.

**4**

Zum Anrichten Cake portionieren und auf Teller verteilen, einen Esslöffel Orangensauce daneben träufeln, Orangenfilets als Garnitur dazulegen.

# LIMETTEN-
Creme

500 g Tofu
1 dl/100 ml Rahm/Sahne
2–4 EL Akazienblütenhonig
3–4 Limetten, abgeriebene Schale und Saft

Schalenstreifchen von Limetten für die Garnitur

**1**
Tofu zerkleinern, zusammen mit Rahm, Honig, Limettenschalen und Limettensaft fein pürieren.
**2**
Limettencreme in hohen Gläsern anrichten. Garnieren.

# ERDBEER-
Creme

500 g Tofu
1 dl/100 ml Rahm/Sahne
4 Hand voll Erdbeeren
wenig Zitronensaft oder Kirsch
Akazienblütenhonig nach Belieben

Erdbeeren für die Garnitur

**1**
Tofu zerkleinern, zusammen mit Rahm und Erdbeeren fein pürieren, eventuell durch ein Sieb streichen. Creme mit Zitronensaft oder Kirsch parfümieren, mit Akazienblütenhonig süßen.
**2**
Erdbeercreme in Gläsern anrichten. Garnieren.

**Variante**
Erdbeeren durch Himbeeren, Brombeeren (separat pürieren und durch ein Sieb streichen), 2 Bananen oder ein beliebiges Fruchtpüree ersetzen.

# SCHOKO-
Creme

500 g Tofu
1 dl/100 ml Rahm/Sahne
½–1 dl/50–100 ml Mineralwasser
8 TL Schokoladenpulver
1 TL Vanillepulver
2–4 EL Akazienblütenhonig

**1**
Alle Zutaten fein pürieren.
**2**
Kakaocreme in hohen Gläsern nrichten.

# REGISTER